기도의 인생, 기적의 역사

기도의 인생, 기적의 역사

발행	2025년 4월 25일
지은이	강창훈
발행인	윤상문
편집인	이은혜, 이대순
디자인	표소영, 박진경
발행처	킹덤북스
등록	제2009-29호(2009년 10월 19일)
주소	경기도 용인시 기흥구 동백동 622-2
문의	전화 031-275-0196 팩스 031-275-0296

ISBN 979-11-5886-335-7   03230

Copyright ⓒ 2025 강창훈
이 책은 저작권법에 따라 보호받는 저작물이므로 무단전재와 복제를 금지하며,
이 책의 내용의 전부 또는 일부를 이용하려면 반드시 저작권자와 킹덤북스의
서면 동의를 받아야 합니다.

※ 잘못된 책은 구입한 곳에서 교환하여 드립니다.
※ 책 가격은 표지 뒷면에 있습니다.

킹덤북스 Kingdom Books
킹덤북스(Kingdom Books)는 문서 사역을 통해 하나님의 나라를 확장하고,
한국 교회와 세계 교회를 섬기고자 설립된 출판사입니다.

다니엘처럼 하루 세 번씩 42년간 기도 속에 꽃을 피운
제14차 천일작정기도회 이야기

기도의 인생, 기적의 역사

강창훈 지음

CBS TV "새롭게 하소서"에 출연하여 전국적인 대반향을 일으킨
강창훈 목사와 문경희 사모의 기도 스토리

"기도에 관한 가장 영적, 지성적 걸작"

지금 우리에게 가장 필요한 것은 내 인생을 바꿀 기도이다.
수많은 목회자와 성도들의 인생을 바꾼 스테디 셀러

킹덤북스
Kingdom Books

| 추천의 글 |

기도의 무릎과 펄펄 끓는 열정으로
한국 교회와 주의 종들을 깨우는 목회자

　성경에 예언된 이상한 자연 현상이 빈번해지고 죄악이 만연해가는 종말의 시대에, 오직 기도로 우뚝 선 목회자와 교회가 있습니다. 목회 초기부터 지금까지 1,000일 작정기도회를 계속 이끌어가고 있고, 또 전국 목회자와 사모 세미나를 인도하고 있는 강창훈 목사와 동아교회가 바로 그 주인공입니다. 하루에 3번씩 예배드리며 날마다 예수 안에 머무는 기도 운동이 '1,000일 작정기도회 운동본부'를 통해 전국 목회자와 교회 속에 확산되고 있어, 기쁜 마음 금할 길이 없습니다.
　신학교 제자인 강창훈 목사는 기도의 무릎을 바탕으로 세속화되지 않은 순수함을 간직하고 있고, 그 인내와 열정이 대단한 목회자입니다. 이번에 강창훈 목사의 눈물어린 신앙 간증과 함께 1,000일 작정기도회의 모든 내용을 담은 책 "1000일 작정기도회"가 새롭게 출간된 것에 다시 한번 하나님께 감사드립니다. 이 책을 통해 한국 교회가 깨어나고 주의 종들과 일꾼들이 깨어나는 아름다운 역사가 나타날 줄 믿고 추천합니다.

예장 합동 동아교회 주최 초교파 전국 목회자 세미나 초대고문
예장 합동 증경총회장
한기총 5대 대표회장
동도교회 원로목사
최훈 목사

| 추천의 글 |

하나님은 기도하는 민족을 망하게 하지 않으십니다.
하나님은 기도하는 성도를 외면하지 않으십니다.
하나님은 기도하는 교회와 끝까지 동행해 주십니다.

1,000일 작정기도회를 수십 년간 계속 이어오는 것은 세상의 역사에서도 감히 찾아 볼 수 없는 일이라 생각합니다. 세상은 자신에게 이익이 돌아오지 않는 한, 주변을 돌아보지 않는 것이 순리라고 말합니다. 이러한 때에 민족과 교회를 위해, 더 나아가 점점 붕괴되는 가정과 미래 세대를 책임질 청소년들을 위해 힘써 기도하기를 쉬지 않는다는 것은 웬만한 사랑과 소명 없이는 거의 불가능한 일입니다.

하나님의 은혜 안에서 이렇듯 신실한 행보를 이어가고 계시는 강창훈 목사님의 열정에 기도와 격려의 박수를 보내드립니다. 이 책에 담긴 저자의 작정기도 이야기가 많은 목회자들과 은혜를 사모하는 성도들에게 읽혀지기를 소망합니다.

바알 앞에 무릎 꿇지 않은 7,000명의 기도 용사를 준비시킨 하나님께서 이 기도 운동을 시작하셨습니다. 우리 각 사람이 민족을 살리고 교회를 회복시키며 가정을 일으켜 세우는 일에 남은 그루터기가 되는 데 이 책은 지침서가 되고 힘이 되어줄 것입니다.

2025년 3월

한기총 명예회장
예장(통합) 증경총회장
예장(통합) 300만성도운동 본부장
안영로 목사

| 추천의 글 |

종교 개혁자 요한 칼빈은 기도의 사람이었다. 칼빈은 그의 책 『기독교강요(Institute)』에서 "기도는 주님의 보물들을 캐낸다"(3.20.2)라고 했다. 또 그의 시편 주석에선 "신앙은 기도가 없으면 게으르며 죽은 상태가 된다"라고 했다. 뿐만 아니라 19세기 칼빈주의 신학의 거봉 아브라함 카이퍼는 "기도를 그만두면 우리의 양심은 마취제를 마시는 것과 같다"(하나님께 가까이 51장)라고 했으며, "우리의 기도에 귀를 기울이시는 분은 살아계신 인격적인 하나님이시다"(55장)라고 언급하며 기도의 중요성을 말했다. 나의 스승이신 박윤선 박사가 나에게 마지막 유언으로 남긴 말씀은 "기도일관(祈禱一貫)"이었다. 하지만 늘 나는 그 유언대로 살지 못한 안타까움이 있다.

금번에 1000일의 기도를 14번이나 이룩하고 교회를 크게 부흥시킨 강창훈 목사님이 간증집을 내셨다. 이 책 『기도의 인생, 기적의 역사』는 기도하면 하나님의 응답하시고, 교회가 부흥할 수 있다는 체험적 신앙을 책으로 내신 것이다. 물론 간증이라는 것은, 개인의 신앙 체험을 일반화하기는 어렵지만, 택한 백성들의 진실하고 간곡

한 기도를 반드시 들으시고 응답하신다는 것을, 생동감 있게 증거하고 있다.

오늘의 한국 교회는 힘을 잃었다. 한국 교회가 힘을 잃은 것은 기도의 능력이 없어지고, 하나님의 응답을 기다리지 않는 데서 그 원인을 찾을 수밖에 없다. 물론 기도도 말씀 증심의 기도여야 한다. 저자는 평생 기도로 일관하고, 하나님의 기적적인 은혜를 수없이 체험해 본 신실한 목회자이다. 이 책은 그의 젊은 날의 방황, 회심, 열정, 기도가 오롯이 그대로 펼쳐져 있다. 그렇기 때문에 이 책은 방황하는 지성인들과 교회 부흥을 갈망하는 목회자들이 꼭 한번 읽어볼 만한 책이라고 생각되어 기꺼이 추천하는 바이다.

전 총신대 총장, 대신대 총장, 현 한국칼빈주의 연구원 원장

정성구 박사

| 추천의 글 |

　한국 교회, 어떻게 다시 일어설 수 있을까? 아니 다시 일어설 수나 있을까? 인간적으로 볼 때 한국 교회는 다시 소생할 힘이 없어 보인다. 마른 뼈가 다시 소생할 수 없듯이 말이다. 하지만 하나님은 마른 뼈를 다시 소생시킬 수 있는 분이다. 그러면 우리가 어떻게 하나님께 협력해야 하는가? 우리가 가지고 있던 사력을 다해 기도하는 야성의 영성을 되찾아야만 다시 일어설 수 있다. 그 야성을 기록한 책이 바로 본서다. 우리는 지금 너무나 부드럽고, 젊잖은 영성을 가지고 있다. 도대체 야성이라고 찾아보기 힘든 것이 한국 교회의 현재 영성의 모습이다. 어떤 상황에도 굴하지 않고 하나님께 모든 것을 맡기며, 주야로 간구함으로 어려움을 돌파해 나가는 것이 야성의 영성이다. 이러한 야성을 다시 회복할 수만 있다면 한국 교회는 다시 옛 영화를 되찾을 수 있을 것이다. 우리는 이 영성을 회복해서 하나님이 머잖아 열어주실 통일의 시대를 대비해야 한다. 현재의 빈약한 영성으로는 북한 사람이 우리의 전도보다는 세속화의 전도에 휩쓸려 갈 것이다. 곧 다시 기도의 영성을 회복해야만 한국 교회가 살아날 것이다. 바로 동아교회 강창훈 목사님의 삶이야말로 이런 영

성의 본보기다. 본서의 추천자는 독자와 함께 우리 모두 이런 기도의 영성을 회복하자고 강력히 외치고 싶다.

영국 캠브리지대학교 철학 박사,
평택대학교 신학과 교수;
한국신약학회 회장 역임
김동수 교수

| 추천의 글 |

　기도란 무엇인가? 목회나 사역에 남다른 진전을 이룩한 사람들은 모두 기도에 대한 일가견이 있다. 동아교회 강창훈 목사는 42년 동안 "1,000일 작정기도회"를 14번이나 하고, 2025년 10월에는 제15차를 시작한다고 한다.

　목회 사역을 월급쟁이 사원이나 바지사장처럼 하며 사역에 대해서 비관적인 사람, 목회를 처음 시작하려는 사람, 아무리 노력해도 목회가 뜻대로 배운 대로 되지 않아서 축 늘어진 사역자, 이런 분들은 이 책을 통해서 강력한 도전을 받고 새로운 방법과 목표를 세우고 나아갈 수 있을 것이다. 왜냐하면 목회는 박사 학위나 현학적인 말재주·글재주로 하는 것이 아니라, 오직 하나님의 종으로서 성령의 능력으로 하는 것이기 때문이다. 그가 주도하는 목회자 세미나가 25년째로 제14차까지 26,500 교회가 참여하여 실시되었다고 한다. 목회 사역에 하나님의 은혜를 갈구하는 사람은 그의 세미나에 참석해 보는 것도 좋은 일이라고 생각이 된다.

강창훈 목사는 그 종 됨의 요체를 몸으로 생활로 현실에서 체득한 사역자이다. 그는 개척 교회 시절에 텅 빈 예배실에서 실망하지 않고 '예수님이 개척 교회 멤버'라는 일념으로 희망과 용기를 얻으면서 하나님의 기적을 수없이 체험해 나아갔다. 그는 빈손으로 사역에 나섰지만, 하나님과 연결된 기도의 줄을 튼튼히 붙잡고, 교회 건축, 1만 평이 넘는 대지 매입, 기도원 건축, 계속 늘어 나는 교인 수, 자신의 건강 문제, 모두 하나님이 해결해 주시는 체험을 이어가며 목회자의 길을 기적의 길로 만들어 가고 있다. 그는 기도함으로써 믿음을 키우고, 커진 믿음으로 하나님의 약속을 다 받아내어 눈앞에 현실로 나타나게 했다는 놀라운 간증을 하고 있다.

강 목사의 간증에는 늘 '기도를 통한 하나님의 기적'이 등장한다. 그는 1,000일 작정기도회를 반복하면서 여러 가지 기적적인 하나님의 역사를 많이 체험했는데, 그중에 놀라운 것은 불치병을 치유해 주시는 하나님의 능력을 자신의 눈앞에서 보는 것이었다. 유방암 3기 환자, 위장병, 피부암, 불임, 기타 여러 가지 병들이 낫는 신유의 은사를 행하시는 하나님의 역사를 목격한 것이다. 귀신 들린 자들에게서 귀신들이 나가고 그 환자들이 온전한 생활로 복귀하는 것도 체험했다.

이 책의 2부에서는 "1,000일 작정기도"를 어떻게 하면 되는지 그 방법론을 상세하게 서술하고 있다. 목회자가 개인적으로 하던지,

교인들과 함께하던지 상관없이 특별하게 작정기도를 어떻게 하라는 조언, 심지어 그 기간 동안 목회자가 해야 할 건강 관리 방법도, 그는 자신의 경험을 바탕으로 친절히 조언하고 있기 때문에 실제적이고 효율적으로 해 볼 수 있다.

지금의 한국은 풍요로운 나라이지만, 교회의 위기, 즉, 목회자의 위기는 가중되고 있다. 사람들의 경제 생활은 윤택해지고 지식도 높아져서 하나님의 도움이 필요 없고 교회의 간섭도 필요 없다는 사람들로 붐비는 사회가 되었다. 이러한 상황을 단칼에 동강내고 하나님의 능력과 교회의 위엄을 강력하게 드러낼 수 있는 사역자가 되는 길을 이 책은 제시하고 있다. 그것은 기도의 골방에서 시작하고 하나님을 철저하게 믿는 믿음으로 꽃 피며, 끈질긴 실천력으로 진행됨을 지은이는 우리에게 확실하게 알려 주고 있다. 모든 목회자가 다시금 새겨듣고 가야 할 지름길이다.

아세아연합신학대학교 총장 역임,
이스라엘 예루살렘대학 총장 역임,
미국 고든-콘웰 신학대학원 고고학연구소장 역임,
서울유니온교회 담임 역임,
현 에티오피아 발굴단 단장

고세진 박사

| 머리글 |

디모데전서 1장 15절 바울의 고백처럼 죄인 중에 괴수인 나를 불러 연단하시고 주의 종의 반열에 세우셔서 복음의 도구로 사용하시는 주님께 감사와 영광을 돌립니다. 가룟 유다처럼 예수님을 부인하고 우상 앞에 3,000번이나 무릎을 꿇었던 저에게 용서와 긍휼을 베푸신, 위대하고 자비하신 하나님의 사랑을 전합니다.

아무것도 알지 못하고 어떤 능력도 없는 저에게 무릎 꿇는 은혜와 사모함을 주셔서 지금까지 왔습니다. 교회 개척 준비부터 지금까지 39년째 이어온 14번째 1,000일 작정기도회를 통해 일하시는 주님을 소개하고픈 뜨거운 감동을 이기지 못해 감히 펜을 들었습니다.

하나님이 멸망 받을 죄인들에게 구원의 은혜를 주신 것 외에 또 다른 은혜를 찾는다면, 우리를 향해 기도의 통로를 개설해 놓으셨다는 것입니다. 부요와 능력과 권세를 다 가지고 계신 하나님께서 구하는 자에게 좋은 것을 주시고자 만들어 놓으신 축복의 통로가 기도입니다.

하나님이 주시기 위해서 이미 작정하시고 기도하라 하셨기에, 목회자들은 누구보다 먼저 복음 전파의 사명 감당을 위해 기도의 무릎을 꿇어야 합니다. 또 성도들은 올바른 신본주의 믿음과 충성되고 아름다운 봉사를 위해 쉼 없이 기도해야 합니다. 교회가 살고 성도들 개개인이 영적 민감성을 갖고 살아가게 하려면, 지도자가 먼저 깨어 있어야 하고, 교회마다 기도의 불을 붙이는 성도들이 있어야 합니다.

가을에 풍성한 추수를 바라보는 지혜로운 농부는 봄에 논밭을 갈아엎고 갖가지 씨를 뿌립니다. 그리고 땀 흘려 가꾸며 무덥고 힘든 날들을 인내합니다. 세상의 명예와 권세와 물질은 아침 안개 같아서, 언제 어느 때 쇠하고 사라질지 모릅니다. 그러나 기도를 쌓고 또 쌓아 견고한 영적 기반을 다진 믿음의 군사는 감히 사탄이 넘보지 못합니다. 기도를 통해서만이 세상이 앗아갈 수 없고 절대로 무너지지 않는 복이 주어집니다.

주님은 부족한 종과 동아교회 성도들의 쉼 없는 기도를 통해 전국 초교파 목회자 및 사모 세미나를 지속적으로 개최케 하셨고, 많은 한국 교회가 1,000일 작정기도회를 실천하는 놀라운 역사를 이루셨습니다. 이 책을 읽는 목사님들과 교회 속에 꺼지지 않는 기도의 불길과 부흥의 불길이 타오르길 소원합니다. 특히 성도들에게는 중단 없는 기도와 충성된 봉사로써 주님이 주시는 한량없는 은혜와 복을 경험하시길 기도합니다.

저와 동아교회의 1,000일 작정기도회는 이제 평생 작정기도회가 됐습니다. 부디 이 기도 운동이 한국 교회와 성도님들 속에 더 넓고 더 뜨겁게 전해지기를 소원합니다. 하나님께서 이끌어주시고 성도들과 손잡고 걸어 온 저의 사역 여정이 한 권의 책으로 재출간될 수 있게 출판을 맡아주신 킹덤북스(Kingdom Books) 윤상문 대표님께 진심으로 감사드립니다. 자료 수집과 원고 작성 등을 맡아 기꺼이 도움을 주신 믿음의 여러 지체들께도 감사와 사랑의 마음 전합니다. 부족한 종의 사역과 건강을 위해 기도로 협력해주신 동아교회 교우들에게 진심으로 감사를 드립니다.

2025년 3월 10일
강창훈 목사

| 목차 |

추천의 글 • 04
머리글 • 15

01 예비된 만남을 저버린 세월 • 21

거지에게 축복 기도를 받는 아이
마산제일문창교회에 출석하다
성령의 불 체험
들리지 않는 교회 종소리

02 무서운 하나님의 채찍 • 33

위장염에서 시작된 질병들
나를 고쳐만 주신다면
우상 숭배의 덫
설악산에서 죽기로 작정하다
누나의 단식기도

03 불제자에서 주의 종으로 • 47

밀양 표충사에서 얻은 한 권의 책
3,000번 절하고 불제자로 서원하다
8개월간 이어진 부모님의 설득
희한한 만남
3일 만에 주신 치유의 기적
펄펄 끓는 가슴으로 전도자가 되다
주의 종으로 부르시기에

04 용광로 속 연단의 세월 • 73

리어카에 차린 야채 가게
삼각산 동굴 속에서의 연단
귀신을 쫓아내다
눈물로 드린 세 가지 서원
보름 만에 올린 결혼식
아내의 기도

05 1,000일 작정기도회를 시작하다 • 101

제1차 1,000일 작정기도회
개척 전도사가 되다
교회 창립 예배
고치시는 하나님
성전을 넓혀주시다
2,000명 초청 주일
몸에 이상을 느끼다
약함에서 나오는 주의 능력
다시 무릎으로
성령의 불이 떨어지다
기도원 부지를 주시다
첫 번째 성전 건축, 후 연약한 육체가 회복되다
아내가 갑상선암에 걸리다
제1차 전국 목회자·사모 세미나
두 번째 성전 건축
해외 선교와 성전 건축
나와 내 가정에 주신 복

제2부 1,000일 작정기도회 실전 훈련

06 작정기도회 진행 방법 • 175

1,000일 날짜에 대한 성경적 근거
하루 3번 기도회의 성경적 근거
작정기도회의 준비와 시작 예배
작정기도회에 관한 7가지 유의 사항
기도회 진행 시 성령의 감동에 민감해야 한다
작정기도회 완료 감사 예배 드리는 방법
기도회를 인도하는 목회자의 건강 관리
1,000일 작정기도회를 계속할 때의 마음가짐

07 1,000일 작정기도회으 유익 • 195

성령의 일하심을 빨리 깨닫는다
목회 현장에 물질이 마르지 않는다
교회 안에 기도의 불이 붙고 교회가 성장한다
목회자와 교회, 성도들의 서 속화가 방지된다
목회자의 위기와 교회의 시험이 빨리 극복된다
성경 지식과 강해 설교의 능력이 배양된다
성령 충만과 더불어 다양한 은사를 경험한다
교회의 행사가 물 흐르듯 진행된다

08

1,000일 작정기도회 - 성도들의 자세 • 213

성경적인 근거를 확실히 붙잡는다
끝까지 인내한다
목회자가 전하는 말씀과 지도에 순종한다
영적 세계에 대한 분별력이 생긴다
기도의 힘을 더하기 위한 5가지 유의 사항

09

1,000일 작정기도회 - 목회자의 자세 • 227

하나님의 말씀에 기초한 서원 기도임을 기억한다
기도는 교회의 온 지체가 끝까지 깨어있는 길이다
어떤 일이 있어도 사탄에게 항복하지 않는다
기도의 입을 넓게 열고 인내하며 기다린다
기도로써 목회 비전을 받고, 그 성취를 위해 기도한다
기도의 열정과 성실함에서 본보기가 된다

10

1,000일 작정기도회, 평생 작정기도회가 되다 • 239

1. 하나님 중심으로 살아야 한다
2. 교회 중심으로 살아야 한다
3. 성경 중심으로 살아야 한다
4. 창조 신앙을 가져야 한다
5. 구속사적 신앙을 가져야 한다
6. 종말론적 신앙을 가져야 한다
7. 주일 성수에 철저해야 한다
8. 십일조와 감사 등 헌금 생활을 해야 한다
9. 힘 있고 능력 있는 기도 생활을 지속해야 한다
10. 큰 꿈을 가져야 한다
11. 영육 간의 성결을 위해 세상과 짝하지 않아야 한다
12. 가계의 흐름을 분별하고 대처해야 한다
13. 순종의 사람으로 살아야 한다
14. 직분과 사명에 충성하며, 하나님의 통로가 되는 삶을 살아야 한다
15. 하나님의 주권적인 영역을 범하지 말아야 한다
16. 선교에 힘쓰는 적극적인 헌신자로 살아야 한다
17. 성전을 세워드리기에 힘써야 한다
18. 봉사는 일등으로, 예우는 꼴찌로 받겠다는 믿음을 가져야 한다
19. 거둘 때를 바라보며 열심히 심어야 한다
20. 하나님이 쓰실 그릇이 되도록 준비해야 한다

부록_ 자작 시 • 303

1장

예비된 만남을 저버린 세월

거지에게 축복 기도를 받는 아이

마산제일문창교회에 출석하다

성령의 불 체험

들리지 않는 교회 종소리

1장

예비된 만남을 저버린 세월

거지에게 축복 기도를 받는 아이

"우와, 아버지 거 높이 뜬다!"

"할머니, 나는? 나는? 누나 것은 높이 떴는데, 왜 내건 더 높이 안 떠요?"

매달 정월 초하루와 보름날이 되면, 할머니는 방 한가운데 앉아 창호지에 불을 붙였다. 맨 처음 창호지는 아버지 거였다. 할머니는 창호지를 돌돌 말고 아래에 불을 붙였다. 그리고 아버지 이름을 부르며 위로 툭 쳐 올렸다. 불이 붙은 창호지는 공중을 향해 날아오르다 아래로 살포시 떨어졌다. 집안 식구들의 이름을 한 사람 한 사람 부르며 불을 붙이는 할머니의 모습은 온마음과 정성을 다하여 자신을 녹여 드리는 영혼의 촛불이었다.

불이 붙은 창호지가 얼마나 높이 올라가느냐에 따라, 그 해 운이 좋을지 안 좋을지 점을 치는 중이다. 함부로 내쉰 숨이 창호지의 비상을 방해할까 봐, 나는 숨이 꼴깍 넘어가도록 날숨을 막고 시선을 고정시켰다. 드디어 내 차례가 되면 나는 할머니 옆에 바싹 붙어 앉아, 두 손을 모으고 내 창호지가 높이 올라가도록 빌고 또 빌었다. 어린 마음에 불붙여 올린 내 창호지가 너무 일찍 고꾸라지면 어쩌나 싶어 온몸이 굳어졌다. 창호지가 너무 일찍 곤두박질치는 날에는 왠지 모를 불안감이 나를 에워싸는 듯했다. 무심한 창호지 한 장은 향방 없이 너울거리며 내 미래를 한껏 조롱했다.

어릴 적 내 고향은 미신과 우상 숭배에 젖어있던 마을이었다. 사월 초파일이 되면 동네 아녀자들은 보자기에 쌀을 싸들고 줄줄이 절간을 찾았다. 우리 집도 예외는 아니었다. 어쩌다 집안에 우환이 찾아들면, 할머니는 가끔씩 무당을 불러 굿을 하곤 했다.

당시 우리 동네는 누구 하나 교회를 찾는 이가 없었다. 우선 마을 근처에 예배당이 하나도 없었다. 우리 동네에서 몇 개의 마을을 지나야 겨우 교회가 눈에 띄었다. 물론 나와 동네 사람 대다수는 교회가 왜 있는지, 무엇을 하는 곳인지, 어떤 사람들이 모이는지조차 알지 못했다. 교회와는 담을 쌓고 살았다.

할머니의 기원 덕이었을까. 나는 어릴 때부터 거지들에게 축복기도를 아주 많이 받고 자랐다. 당시 우리 집은 시골에서도 더 들어가는 산골이었는데, 할아버지 때부터 두 명의 머슴아저씨를 두고 살 만큼 대체로 넉넉한 가정이었다. 그래서 그런지 우리 집엔 거지들이 자주 찾아왔다. 집안의 광에는 굉장히 큰 쌀독이 있었다. 흰 쌀을 담는 쌀독 하나와 보리를 담는 쌀독에는 쌀이 떨어지지 않았다. 어른들이 집에 안 계시고 나 혼자 있을 때도 간혹 거지들의 방문은 이어졌다. 평소 어른들이 하시는 걸 봐왔던 터라, 나는 당황하거나 낯설어하지 않고 성큼성큼 광으로 걸어갔다. 그때마다 무슨 마음이었는지 나는 보리쌀 말고 꼭 흰 쌀을 퍼서 줬다. 그것도 큰 바가지에 하나 가득 퍼줬다. 그러면 거지가 입이 함박만 해가지고 내 머리에 손을 댔다.

"야, 너 복 받겠다. 나중에 아주 큰 사람이 되겠어."

어쩌면 그 말을 듣고 싶어서였을 것이다. 복 받을 아이, 나는 복을 받고 싶었다. 그 복이 어떤 것인지는 정확히 모르나, 나는 청소년 시절 내내 거지한테 축복의 안수 기도를 많이 받았다.

1장 예비된 만남을 저버린 세월

마산 문창교회에 출석하다

　힘들게 재수까지 해서 들어간 고등학교가 미션 스쿨이었다. 개인의 신앙관과 상관없이 재학생들에게는 공통된 의무가 하나 있었다. 주일에는 교회에 가서 예배를 드리고 도장을 찍어 오는 게 학교 방침이었다. 아무 것도 모르는 내가 선생님의 소개로 간 교회가 바로 주기철 목사님이 시무하셨던 마산문창교회였다. 마산 문창교회는 순교자의 발자취가 서려있고 순교자의 숨결이 흐르는 값지고 귀한 교회였다.

　자석에 이끌리듯 들어간 그곳은 내 인생 최초의 교회요, 처음 드려보는 예배 장소였다. 나도 모르게 가슴이 두근거렸다. 신기하기도 했고 왠지 경건해지기도 했다. 하나님은 첫 예배 시간부터 은혜를 주셨다. 첫 예배의 감동과 여운이 묘하게 마음에 남았다.

　그날 이후로 이상하리만큼 주일과 예배 시간이 기다려졌다. 토요일 오후가 되면 시외버스로 한 시간 거리에 있는 시골집에 가곤 했는데, 주일 오전이 되면 만사를 제쳐두고 도망치듯 마산의 자취집으로 돌아왔다. 주일 11시 예배에 참석하기 위해서였다.

주님과의 첫사랑이 시작된 그 해 12월 겨울 방학이었다. 교회에서 부흥사 목사님을 모시고 부흥회가 열렸다. 생전 처음 참석하는 부흥회였지만 설교 말씀이 꿀 송이처럼 달고 여름 냉수처럼 시원하게 느껴졌다.

하루는 혼자만 은혜 받기가 안타까워 옆방에 자취하던 누나들을 강권해서 부흥회에 데리고 갔다. 혼자 열심히 은혜를 받고 있다가 문득 옆자리를 살폈다. 한 누나는 뭘 만지작거리며 딴 짓을 했고, 또 한 누나는 파란색 볼펜으로 낙서를 하고 있었다. 나중에 보니 누나의 청바지 오른쪽 허벅지 부분이 새파랗게 변해 있었다. 나는 의아했다.

"누나, 이렇게 신나는 부흥회에 와서 지금 뭐하고 있어?"

"야! 신나긴 뭐가 신나. 지겨워 죽을 판이다. 이거 언제 끝나니?"

그 순간 깨달았다. 택한 백성에게만 귀를 여시고 마음을 열어주시는 주님의 은혜가 얼마나 귀하고 값진지를.

1장 예비된 만남을 저버린 세월

성령의 불 체험

고등학교 졸업반 때의 일이다. 공부를 마치고 집으로 돌아오는 길인데, 길목 옆에 위치한 성결교회에서 손뼉을 치며 찬송하는 소리가 들렸다. 나도 모르게 발길이 그쪽으로 꺾였다. 마침 교회 문 앞에서 안내하시던 분들이 반색하며 나를 맞았다.

"학생, 잘 왔어. 어서 들어가서 은혜 받아요."

나는 엉겁결에 부흥회에 참석했다. 마침 그 교회 목사님이 부흥사 목사님이셨는지, 처음 듣는 간증도 많고 설교가 무척 재미있었다. 뭐에 붙들린 듯 나는 설교에 빨려 들어갔다. 설교가 끝나니 통성 기도를 한다며 불이 꺼졌다. 통성 기도는 처음이었지만, 나도 분위기에 휩쓸려 같이 기도를 시작했다.

그때였다. 어둠 속에서 웬 손이 내 머리에 닿았다. 움찔 놀랐던 나는 감전이 된 듯 깜짝 놀랐다. 부흥회라 특별히 목사님이 안수 기도를 하신 건데, 그 짧은 순간에 내 몸에 뜨거운 기운이 확 퍼지더니 원인 모를 울음이 터져 나왔다. 이유도 모른 채 그냥 감격해서 한참 동안 울었다.

한 시간쯤 지났을까. 눈을 떠보니 본당에 불도 꺼지고 아무도 없었다. 혼자 남겨졌는데도 이상하게 무섭지 않았다. 그뿐인가. 얼마나 기쁘고 좋던지 하늘에 붕 떠있는 것 같았다. 또 몸이 잔잔하게 떨려오는데도 기분이 나쁘지 않았다. 온몸이 가벼워져 가방을 빙빙 돌리고 찬송하며 집까지 걸어오는데, 눈에 보이는 세상이 그 전과는 완전 딴판이었다. 세상이 언제 이렇게 변했을까? 길가의 간판이며 전신주까지 모두 아름답게 느껴졌다. 지나가는 사람들이 다 예뻐 보여 하마터면 낯선 사람들에게 말을 붙일 뻔했다. 험상궂게 생긴 개도 예뻐 보이고, 가로수도 예뻐 보이고, 전부 다 예뻐 보였다.

당시 누나와 함께 자취를 하고 있었는데, 방에 들어왔는데도 계속 몸에 진동이 와 가만히 있어도 달달 떨려왔다. 내가 좀 이상해 보였는지 누나가 묻는다.

"창훈아, 너 오늘 왜 이렇게 늦었어? 어디 갔다 온 건데?"

"어, 사실은 오다가 부흥회를 하는 교회에 들렀는데 안수를 받았어. 그런데 내 안에 갑자기 불이 들어온 것처럼 가슴이 뜨거워."

"야, 교회에 갔다 왔으면 더 점잖아져야지, 떨기는 왜 떨어?"

"글쎄, 나도 몰라."

그날 저녁에는 이불을 뒤집어쓴 채 밤새 떨었다. 입이 열릴 때마다 찬송이 나와서 울고 웃다가 새벽녘에야 잠들었다. 하나님은 성령의 불이 임하는 체험과 잠 못 이루는 기쁨을, 교회에 출석한 지 2년도 채 안 된 내게 덜컥 안겨 주셨다.

1장 예비된 만남을 저버린 세월

들리지 않는 교회 종소리

신앙생활을 시작한 지 6개월쯤 지났을 때다. 졸업하자마자 나는 유수 방산 업체였던 창원 공단에 있는 대기업에 특채로 입사하게 됐다. 처음에는 아직 건물만 지어진 썰렁한 회사였던지라, 관리사원이나 생산직 사원 할 것 없이 청소만 했다. 몇 달이 지나 회사가 본격적으로 가동되고부터는 방산품 개발 때문에 눈코 뜰 새 없이 바빴다. 납품 때가 되면 주일도 없이 회사에서 살다시피 했다.

입사 후 사원 아파트에서 생활할 때는 걸어서 10분 남짓한 곳에 있는 창원 한빛교회에 출석했다. 주일 아침마다 교회에서 들려오는 종소리가 정겹게 들렸다. 그러다 회사일이 바빠지면서 주일을 못 지키는 날이 늘어갔다. 출근하지 않고 집에서 쉬는 날에도, 직장 동료들끼리 회식이다, 등산이다, 야유회다 하며 교회와 점점 멀어졌다.

그렇게 감사하고 감격했던 마음이 나도 모르게 사라지자, 주일이면 어김없이 들려오던 교회 종소리가 아예 귀에 들리지 않았다. 참으로 이상했다. 주일을 범하고 예배를 멀리했는데도, 탄식하시는 성령님의 한숨이 느껴지지 않았다. 그때는 미처 몰랐다. 주님 곁을 떠난 그 시기가 피눈물 나는 고통의 시작이 될 줄을.

직장 생활이 힘들고 피곤하긴 했지만, 동시에 생각지도 못했던 다른 재미가 쏠쏠하게 따라왔다. 업무를 마친 후 먹고 마시며 춤추러 다니는 저녁 시간은 하루 중 가장 기다려지는 황홀한 일과였다. 그때쯤엔 아예 교회도 잊어버렸고, 주님도 잊어버렸다. 믿음은 나와 아무런 상관도 없는 것처럼 여겨졌고, 영적인 보화들도 몽땅 잊어버렸다.

아무 유익도 없는 담배는 하루에 한 갑으로도 모자랐다. 밤새 일을 할 때면 그 독한 담배를 아예 물고 살았다. 퇴근 후에는 동료들끼리 불고기집에서 1차 식사를 하고, 2차로 횟집에 가서 술을 마셨다. 3차는 고고장에 가서 발에 불이 나도록 몸을 흔들며 온 몸이 땀으로 젖을 때까지 춤을 추곤 했다. 그리고 쉬는 날이 오면 등산을 가거나 낚시를 하러 갔다. 테니스도 하고, 바둑을 두다가 다시 모여 술 마시는 일로 하루가 바빴다.

2장 — 무서운 하나님의 채찍

위장염에서 시작된 질병들

나를 고쳐만 주신다면

우상 숭배의 덫

설악산에서 죽기로 작정하다

누나의 단식기도

2장 무서운 하나님의 채찍

위장염에서 시작된 질병들

세상의 물결 따라 유흥에 빠져 지낸 지 반년쯤 되었을 때다. 하나님은 위장병을 통해 내게 매를 들기 시작하셨다.

어느 날이었다. 퇴근 후 예전처럼 불고기와 생선회를 먹고 놀다가 집으로 와서 잠을 잤다. 아침에 깼는데 이상하게 위가 아프기 시작했다. 약국에서 소화제와 위장약을 사 먹었으나, 조금도 낫질 않았다. 이번엔 조제약까지 처방해서 먹었는데도 전혀 차도가 없었다. 아픔은 점점 더 강도를 높여갔다. 나중에는 김치나 깍두기 하나만 먹어도, 30분 정도 배를 움켜잡고 앉아 있거나 엎드려 있어야 진통이 멈추었다. 그러다 보니 아예 식사를 못하는 때가 더 많았다. 설상가상 어느 샌가 눈에서는 눈곱이 낀 듯 계속 순두부 같은 이물질이 나와 시야가 흐려졌고, 급기야 바늘로 찌르는 듯한 통증이 계속되었다. 다시 병원에 가보니 만성 위궤양이라 했다. 정도가 심해 위벽이 다 흘러내릴 정도로 헐어 있었다.

제대로 먹지도 자지도 못한 채 한 오 년을 그렇게 위장병과 씨름하고 나니, 내 몰골은 말이 아니었다. 살은 다 빠지고, 푹 들어간 눈에 광대뼈가 튀어나와 흉측하게 보였다. 어쩌다 시골에 가면 뒤에서 사람들이 수군거렸다.

"바라바라. 신홍댁 아들 폐결핵 걸린 게 맞제?"

"도시에서 좋은 직장 다닌다 카더니, 얼굴이 저게 뭐꼬."

평소에 나는 소화력이 아주 좋았다. 우리 집안 어른들이 대체로 장수하는 편이라, 건강에 대한 염려는 하지 않고 살았다. 그러다 보니 몸이 보내오는 신호에 어지간히 무뎠다. 사실은 위장만 아팠던 게 아니었다. 양치질만 시작하면 구토가 나서 중간에 양치질을 그만두기 일쑤였다. 여름이 되면 허리와 다리에 신경통이 생겨 제대로 걷거나 엎드리지도 못했다. 나중엔 불면증까지 겹쳐 하루에 한 시간도 깊이 잠을 잘 수가 없었다. 매일 아침 자고 나면 손발에 마비가 와서, 감각이 없는 죽은 자를 방불케 했다. 머리부터 발끝까지 온몸이 다 아파서 뜬 눈으로 밤을 지새우거나, 밥 한술 제대로 넘기지 못하는 날이 많았다. 한데 그런 가운데서도 친구들과 밤마다 술을 마셨다.

혼자 있는 시간이면 주님을 원망하며 삶 자체를 비관하기 시작했다. 세상도, 돈도, 직장도 다 싫었다. 그렇게 좋아하던 먹고 마시고 노는 일들도 다 싫어졌다. 다 벗어버리고 다 던져버리고 싶었다. 회사 6층 옥상에 올라가 한번 추락해 볼까, 약봉지를 들고 한 방에 끝낼까, 우울한 고민이 계속됐다.

2장 무서운 하나님의 채찍

나를 고쳐만 주신다면

고통 중에 불현듯 예수님 생각이 났다. 퇴근 후 술을 마신 채 길을 가다가 마산 용마산 공원 밑에 있는 갈릴리교회에 힘없이 들어갔다. 아무도 없는 교회에 앉아 원망과 탄식으로 입을 열기 시작했다.

"하나님, 나 아파서 못 살겠습니다. 하나님이 살아 계신다면, 내 병을 고쳐 주세요. 고쳐만 주신다면 열심히 주님을 섬기겠습니다."

그러나 우리 하나님은 세상의 달콤함에 발 담그고 살다가 길을 잃어버린 내게 아무 말씀이 없으셨다. 그러자 갑자기 분노와 오기가 발동했다.

"하나님이 어디 있어, 하나님은 죽었어, 무식한 자들이 교회라는 울타리 안에 갇혀 목사들의 사탕발림 같은 설교에 속아 돈 갖다 바치고 시간 낭비하는 것이지, 다 속은 거야! 아무 것도 없어."

혼자 고함을 지르다가 울다가를 반복했다. 그래도 하나님은 침묵하셨다.

내 삶을 송두리째 비관하며 염세적인 생각으로 어둠의 세월을 보낼 때였다. 우연히 친구 어머니에게서 창원군 진전면에 있는 '천보사'라는 절을 소개받았다. 친구 어머니는 주역을 공부한 스승을 만나 명리학 계통의 공부를 좀 하셨던가 보다. 그리고는 알음알음 손금도 보고 관상도 보는 일을 하고 있었는데, 친구 아들이 아프다고 하니 대번에 자기가 아는 처방을 해준 것이다. 본인도 인생의 번지수를 잘못 찾고 있었으니, 그게 멸망으로 가는 길임을 어찌 알았으랴.

어쨌든 거기 가면 부부도사가 신통력이 있어 병이 잘 낫는다고 했다. 도착했더니 나를 맞이한 부부도사가 눈을 감고 말했다.

"젊은이에게는 이미 큰 신(神)이 와서 있구만. 사흘 동안만 부처님께 절하며 정성을 드리면, 틀림없이 인생이 좋아질 거요."

2장

무서운 하나님의 채찍

우상 숭배의 덫

　뭔가 해답을 얻은 것 같았다. 즉시 나는 다니던 야간 대학 강의도 빼먹고 불상 앞에 절을 했다. 그때부터 쉬지 않고 절간을 찾아다녔다. 하나님을 섬기던 내가 우상 앞에 무릎 꿇으며 절까지 하는 사람이 됐다. 나는 점점 사탄의 늪으로 깊이 빠져 들어갔다. 그리고 만신창이가 된 내 몸은 약으로도, 병원에서도 고쳐지지 않았다. 물론 부처 앞에서도.

　여러 질병을 안고 삶의 비탄에 빠져 지내던 중 회사에서 뜻밖의 문제가 발생했다. 방산품 중 155미리 대포에 들어가는 '플란자'라는 중요한 부품이 있었다. 표면에 녹이 슬어 염산에 잠깐 됐다가 금방 꺼낸다고 담가뒀는데, 머릿속에 오만 근심이 들어차 있다 보니 그만 깜박 잊은 채 퇴근을 하고 말았다. 그 다음날 아침에 출근해보니, 제품이 염산에 녹아 표면이 파여 못쓰게 됐다. 당시 현장 사무 업무를 맡은 나는 급히 다시 만들면 되겠지 생각했다. 아침에 출근한 부원들에게 망친 부품을 몰래 갖다 버리라고 했다. 때마침 계장이 찾아와 그 제품의 행방을 물었다.

"글쎄요? 잘 모르겠는데요."

시치미를 뚝 뗐다. 이번에는 전무이사가 왔다. 나는 같은 말로 모른 척 했다. 알량한 자존심에 한번 거짓말한 것을 번복하지 못해 물어오는 사람마다 모른다고 했다. 정작 내다버린 부서원들은 내 눈치만 봤다. 회사 전체가 발칵 뒤집혔다.

"플란자 찾아내. 도대체 누가 가져갔어?"

계장, 과장, 부장이 전무한테 혼쭐이 나고 난리가 났다. 평소에 그래도 정직하게 살아왔던 나인데, 방심하고 거짓말을 한번 한 게 걷잡을 수 없이 일이 커졌다.

'내가 어쩌다 이렇게 공적인 일에 거짓말을 하는 사람이 됐지.'

양심에 가책을 느껴 견딜 수가 없었다.

'그래, 기회는 이때야. 어차피 병들고 고통스러워 죽고 싶었잖아. 망가진 양심과 망가진 체면, 다 끌어안고 죽으면 끝나는 거지.'

나는 죽음을 결심했다. 책상 서랍 속에 준비했던 극약을 챙겨 주머니에 넣고 회사를 나왔다. 그리고 유서를 남겼다. 유서의 내용을 다 기억하지는 못하지만 두어 가지는 떠오른다.

"꿈도 컸고 이상도 컸는데, 그 꿈을 펼쳐보지 못하고 먼저 가는 것이 마음 아픕니다. 내 사랑하는 친구 동섭이에게 제 퇴직금 전부를 주세요."

무작정 회사 사원 아파트를 떠나 창원에서 시외버스를 타고 부산에 내렸다. 부산시외버스터미널에서 이 약국 저 약국을 다니며 수면제를 스무 알쯤 사 모았다. 극약을 먹고 고통을 받는 것보다 수면제가 더 편할 것 같았다. 주머니에 극약과 수면제를 넣고 무작정 속초행 시외버스를 탔다. 죽을 사람이 어쩌자고 그렇게 망설이고 시간을 끌었던 것일까. 지금 생각해 보니 어설프고 우습지만, 그 또한 죽음을 피해가도록 이끄시는 하나님의 섭리였던 듯 싶다. 잠언 16장 9절의 말씀과 같이 내가 결연히 마음을 먹고 계획을 세웠을지라도, 그 걸음을 인도하시는 분은 살아계신 하나님이셨다.

> 2장
> 무서운 하나님의 채찍

설악산에서 죽기로 작정하다

설악산에 도착했는데 그날따라 비가 왔다. 우선 여관을 하나 잡아 놓고 가장 비싼 한정식 집에 들어가 남은 돈으로 음식을 주문했다. 잘 먹고 죽은 귀신은 때깔도 좋다는 말이 그 순간 왜 떠올랐는지. 일단 죽기 전에 먹고 싶은 걸 실컷 먹자는 심산이었다. 그리고 우산을 쓰고 맛동산 과자를 한 봉지 사들고 죽을 곳을 찾아 나섰다. 여관에서 죽으면 신문이나 텔레비전에 소개될 테고, 그러면 부모님께 누가 될 것 같았다. 아무도 모르는 곳을 찾아 설악산 여기저기를 돌아다니는데, 눈앞에 밧줄로 만든 출렁다리가 나왔다. 다리 위에서 밑으로 뛰어내리는 게 좋을 것 같았다. 큰맘을 먹고 몸을 구부렸다. 그런데 갑자기 이상한 생각이 들었다.

'너는 허리부터 떨어져 바로 죽지 않고 평생 불구자로 살 것이다.'

잘못 들었나 싶었다. 잠시 호흡을 고르고 뛰어내리려 하는데, 아까와 같은 목소리가 또 다시 들려왔다.

'너는 목이 똑 부러져서 평생 누워서 식물인간으로 살 것이다.'

이상했다. 아무래도 오늘은 때가 아닌 것 같았다. 할 수 없이 뛰어내리는 계획을 그만두고 다른 방법을 생각했다. 바위들이 얽혀있는 틈새 어디쯤에서 약을 먹는 게 좋을 것 같았다. 그런데 비가 와서 물기가 너무 많았다. 축축한 곳에서 약을 먹고 죽어 있는 모습을 상상하니, 왠지 그건 아닌 것 같았다. 죽을 사람이 웬 핑계가 그리 많았는지 모르지만, 마음이 내키질 않았다. 나는 죽는 일을 내일로 미루고, 여관방으로 들어와 하룻밤을 지새웠다.

그런데 참 이상했다. 그때부터 죽음에 대한 생각이 조금씩 가라앉았다.

'내가 꼭 죽어야만 되나? 앞길이 창창한데, 죽을 용기가 있으면 살아야지.'

그러나 이미 유서도 남겼고, 무엇보다 회사에 거짓말한 일이 떠올랐다. 상한 자존심과 수치심이 고개를 들자 역시 죽음을 중단할 수는 없었다.

2장 무서운 하나님의 채찍

누나의 단식기도

내가 죽음을 묵상하고 있을 때, 누나는 금식 기도를 드리고 있었다. 당시 명지학교 교회 집사였던 누나(이후 신학 공부를 마치고 대형 교회의 심방전도사로 시무함)는 평소에도 기도 대장으로 소문나 있었고, 가족 구원을 위해 기도를 많이 했다. 그러던 차에 내가 유서를 남기고 집을 나갔다는 부모님의 전화를 받은 누나는 그날부터 아예 물한 모금도 마시지 않는 단식기도를 시작했다. 생명을 드리는 기도를 통해 하나님은 내 마음을 움직이셨다.

이튿날도 한정식을 한상 주문해 먹고 여관을 나섰다. 설악산을 돌아다니면서 죽음의 문제와 치열하게 맞장을 떴다. 깔끔한 죽음을 궁리하면서. 그런데 이상했다. 죽을 자리를 찾아나서는 내 마음에 뜬금없이 평안이 쑥 찾아왔다. 그러자 죽음이고 자존심이고 그런 게 아무런 문제가 되지 않았다. 말로 형용할 수 없는 평안이 가슴 바닥에 넓게 자리를 잡았다. 그 순간 약봉지가 보기 싫어졌다. 주저하면 영영 못 버리게 될까 봐, 약봉지를 길옆에 휙 던졌다.

'죽긴 왜 죽어. 내가 꿈꾸고 있는 이상이 얼마나 높은데, 그래, 살아야지.'

나는 두 주먹을 불끈 쥐고 다시 속초에서 부산행 시외버스를 탔다. 동해안을 따라 9시간 30분 동안 차에서 흔들리면서, 죽음을 건너뛴 자의 심정으로 삶의 현장인 회사로 다시 돌아왔다.

목회를 시작하고 10년쯤 지났을 즈음, 친구 어머니를 다시 만났다. 나를 불교로 안내했던 그 어머니는 교회 권사님이 돼 있었다. 그분은 내 손을 붙잡고 우셨다.

"그땐 내가 하나님을 몰라서 우리 목사님을 절로 보냈어요. 그 일을 회개하며 목사님을 위해 기도했는데, 이렇게 목사님이 되셨다니 너무 감사해요."

"어머님이 권사님이 되셔서, 저도 참 좋습니다."

3장

불제자에서 주의 종으로

밀양 표충사에서 얻은 한 권의 책

3,000번 절하고 불제자로 서원하다

8개월간 이어진 부모님의 설득

희한한 만남

3일 만에 주신 치유의 기적

펄펄 끓는 가슴으로 전도자가 되다

주의 종으로 부르시기에

3장 불제자에서 주의 종으로

밀양 표충사에서 얻은 한 권의 책

한차례 죽음의 갈등에서 빠져 나왔지만, 내 삶에 별다른 변화는 없었다. 쉬는 날이면 가끔 등산을 다녔다. 하루는 밀양 천황봉에 갔다가 하산하는 길이었다. 눈앞에 표충사라는 절이 보였다. 정문 앞에서 잠시 쉬고 있는데, 스피커를 통해 스님의 법문이 들렸다.

'죄악 된 세상에서 고생하는 인생들이여, 속세를 떠나 자비로운 부처의 품으로 돌아오라.'

그렇잖아도 오랫동안 세상을 비관하고 있던 나인지라, 법문을 듣는 중에 귀가 번쩍 열렸다.

'그래 맞아! 내가 갈 길은 교회가 아니고 바로 이곳이야.'

끌리듯 대웅전으로 발걸음을 옮겼다. 그곳에 한 사람이 서 있었다. 내가 다가가 말을 걸었더니, 가지고 있던 책을 보여주었다. 불문보감이라는 책이었다. 불상 앞에 가서 시주를 한 후 절을 세 번 하고 오면, 그 책을 내게 주겠다고 했다. 이상하게도 그 책을 꼭 받고 싶었다. 나는 곧장 법당에 들어가 세 번 절을 하고 나와 책을 받았다. 그러나 이 책 한 권이 내 인생길을 다른 방향으로 틀 줄은 꿈에도 생각지 못했다.

그 책을 읽어 나가는데, 꼭 나 같은 사람을 위해 쓴 것만 같았다. 삶에 대한 회의와 염세주의에 빠져 지내던 내게 책은 구구절절 가슴에 와 닿았다. 읽고 또 읽는 가운데 나도 승려가 되고 싶어졌다. 한 평생 한가롭고 여유 있게 산천을 떠돌며 시나 쓰고 인생 공부나 하리라 결심했다. 그때부터 불교에 관한 책자들을 탐닉하기 시작했다. 염불도 외우고 합천 해인사에 탐방을 다녀오기도 했다. 야간에 다니던 대학도 졸업했고, 간절히 기다리던 만 5년 동안의 방위 산업체 군 복무 기간도 끝났다. 얼마나 기다리던 자유와 해방의 날이던가.

군 복무를 마치던 날, 친구들과 함께 1차 2차 3차 4차까지 술잔치를 벌이며 법적으로 얻은 자유의 기쁨을 만끽했다. 그리고 몇 달 지나지 않아 당당하게 회사에 사표를 제출했다. 부장이 불러 만류하고 전무이사도 그만두지 말라며 권유와 회유를 했지만, 나는 단칼에 거절했다. 뒤돌아보기도 싫었던 회사였다. 생사의 갈등과 희비가 엇갈렸던 기억을 뒤로한 채 합천 해인사로 발걸음을 옮겼다.

3장 불제자에서 주의 종으로

3,000번 절하고 불제자가 되기로 서원하다

직장을 그만두고 해인사로 들어갈 때가 5월말이었다. 시골에서는 모내기를 위해 논갈이가 한창이었다. 나는 농번기로 바쁜 부모님을 찾아뵙기는커녕 달랑 편지 한 통 보내고는 해인사로 향했다.

"저는 불제자가 되어 한평생 살겠으니 자식이라 생각지 마세요. 훗날 승려가 돼 한 10년 뒤에나 찾아뵙겠으니 만수무강 하소서."

지금도 그때 일이 죄책감으로 남아, 부모님을 대할 때마다 가슴이 아려오곤 한다. 마산에서 버스를 타고 해인사로 가던 중 아무데서나 내려 이발소에 들어갔다. 장발을 짧은 스포츠형으로 깎고, 오후 해질 때쯤 해인사 정문에 들어섰다. 막상 와 보니 지난날 구경 차 왔던 때와는 상황이 달랐다. 내가 살기로 결심하고 찾아온 곳이지만, 생소하고 이상야릇하기 그지없었다. 그 넓은 경내에 있는 건물들이 뭘 하는 곳인지 알 길이 없어, 처음 만난 스님에게 물었다.

"저어, 불제자가 되고 싶어서 왔는데 어디로 가면 되지요?"

그 스님을 따라 간 곳은 해인사 대웅전 좌편에 있는 건물이었다. 공부하는 스님들이 숙식하며 지내는 곳이고, 스님이 되겠다고 찾아온 이들이 일 년 동안 행자승으로 생활하며 사찰 내 스님의 식사를 준비하는 곳이기도 했다. 고참 행자승에 인계되어 그곳 책임자인 원주 스님 방에 들어가 큰절을 세 번하고 신고식을 마쳤다. 그리고 10평 남짓한 행자들이 있는 방으로 가서 짐을 풀고 앉았다. 짐이라야 조그만 가방 하나에 주민등록증과 지갑뿐이었다.

아침 기상은 새벽 3시였다. 오 마이 갓! 새벽잠 많기로 소문난 내가 평생 살기로 작정하고 찾아온 곳이 날마다 새벽 3시에 일어나야 하는 곳이라니, 이 무슨 운명의 장난인가.

'아, 내 팔자는 늦잠 자고 살 팔자가 아닌가 보다, 직장생활에서도 남보다 몇 배나 바쁘게 움직이며 지냈는데, 이곳은 거기에 비할 바가 아니네.'

새벽 3시에 일어났는데, 모든 것에 규칙이 많았다. 세수는 반드시 머리까지 포함된 세수를 해야 했다. 이유인즉 얼굴이나 머리나 똑같기 때문이란다. 비누를 칠할 때는 머리까지 같이 칠해 씻고 절대로 소리를 내지 말라고 했다. 고참은 우물곁에서 씻고, 이제 들어온 신출내기는 대야에 물을 떠서 하수구 옆에 가서 씻었다. 신발을 벗고 나면 신발이 마당 쪽으로 향하도록 정확히 정돈을 해야 마루로 통하는 방 출입이 가능했다.

한 주 동안은 절하는 법을 배웠고, 두 주 동안은 수직으로 식사하는 법을 배웠다. 당시 식사하는 법을 가르치는 스승은 두어 달 먼저 온 고참 행자승이었다. 나보다 나이도 어린데 두어 달 먼저 왔다고 식사 때마다 번번이 야단을 치며 가르쳤다. 밥 한 숟가락 입에 들어가는데 몇 번씩이나 야단을 맞으니, 비감도 들고 치사하기도 했다. 옆에 아무도 없다면 나이 어린 고참 행자승을 태권도 발차기로 한방에 날려버리고 싶었다.

자유를 찾아 왔는데 세수할 때조차 숨소리 한 번 물소리 한 번을 못 내게 했다. 신발 하나 맘대로 못 벗고, 밥 한 숟가락 제대로 못 먹고, 평생 걸어온 걸음걸이조차 맘대로 할 수가 없었다. 감옥이 따로 없었다. 그래도 시간은 흘러 한 달쯤 지나자, 내 아래로 까까중이 되겠다는 후배들이 몇 명 더 들어왔다. 이제는 내가 그들에게 절하는 법, 밥 먹는 법, 걷는 법을 가르쳐야 할 위치가 됐다.

처음엔 국 끓이는 곳에 가서 감자를 깎고 불 지피는 일을 했다. 그런데 내게 승진(?) 운이 따랐던 것일까. 어느 날 주방장 다음인 부주방장으로 자리를 옮겨 밥하는 법을 배웠다. 신기하게도 250명분의 밥을 기계처럼 해냈다. 솥에 물 얼마, 쌀 얼마, 아궁이에 들어가는 장작 몇 개, 불 때는 시간 몇 분, 뜸 들이는 시간 몇 분, 취사도 전부 공식대로였다. 부주방장은 주방장이 하는 것을 지켜보다가 불을 때기 시작하면 탁상시계를 보고 시간 부르는 일을 했다. 30초, 1분, 1분 30초, 2분, 2분 30초, 3분…. 정해진 시간이 될 때까지 정확히 외쳤다.

밥 때가 되면 250여 명의 밥상을 차려주고, 다 먹고 나면 행자승들이 그릇 설거지를 했다. 허리 한 번 안 펴고 그 많은 그릇을 다 씻어 헹구니, 허리가 끊어지고 눈이 빠지는 듯한 고통이 따랐다. 그런 와중에도 한여름이라 그런지 어디에서 오는지 누가 보내는지도 모를 딸기와 수박이 매일 한 트럭씩 들어왔다. 정확한 이유는 모르지만 한 사람이 하루에 큰 수박 반통에 식빵 5개 등을 포함해 배가 터지도록 먹어야 했다. 절에서는 먹는 것을 울력이라고 하는데, 그것도 훈련이라고 했다. 하긴 승려나 목회자나 잘 먹지 않고는 감당할 수가 없을 터였다.

쉼 없이 먹고는 소화를 위해 일반인의 출입이 금지된 운동장에서 축구를 했다. 아직 정식 스님이 되기 전의 행자들은 붉은 밤색 옷에 검정 고무신을 신었다. 축구를 할 땐 고무신 아니면 맨발에 윗저고리를 벗고 뛰는데, 보면 볼수록 웃음이 터져 나왔다. 빡빡머리 불룩 배에, 허리띠를 질끈 동여맨 헐렁한 합바지를 입고 고함을 지르며 뛰는 모습이라니!

그럭저럭 절간 생활에 적응해가고 있었다. 그 날도 열심히 밥을 지어 밥상을 나르는데, 웬 중년 부부 두 사람이 나무대문을 열고 들어왔다. 어머니와 아버지였다. 그동안 나는 설마하니 찾아오시기야 하겠나, 마음을 턱 놓고 있었다. 부모님은 집 나간 아들을 찾아 해인사까지 오셔서, 이 건물 저 건물 다니며 문을 열어보는 중이었다. 그러다가 그만 나하고 시선이 딱 마주쳤다.

두 분 다 소리를 내며 우셨다. 고참에게 부모님이라고 소개했더니, 우리를 원주 스님 방으로 인도했다. 부모님의 말을 다 듣고 난 후 스님은 나와 독대하며 다시 물었다.

"집으로 가겠습니까? 아니면 절에 남아서 불제자가 되겠습니까?"

"저는 절에 남아 불제자의 길을 가겠습니다."

그러나 우는 부모님께는 몇 달 휴양하고 갈 테니, 먼저 가시라고 거짓말을 해놓았다. 부모님을 배웅하고 다시 절에 왔을 때, 당시 해인사 방장 스님이었던 성철 스님이 웃고 서 계셨다.

"허허, 강00 행자! 그냥 부모님 따라 내려가지?"

"아닙니다. 저는 기어코 불제자가 되겠습니다."

"그럼 내일 오후에 삭발을 할 터이니, 부처 앞에 먼저 3,000번의 절을 하고 오세요."

새벽 예불을 다치고 새벽 4시부터 오후 4시까지 12시간 동안 악착같이 절을 했다. 무릎과 팔꿈치 옷이 다 닳아서 살이 벗겨져 진물이 났다. 12시간 동안 3,000번의 절을 하고는 오후에 삭발을 했다. 그 순간 마음 속에 다시 돌이키기 힘든 아픔과 속세를 떠나 훨훨 날아가는 자유함이 미묘하게 교차했다. 절에 들어간 지 두어 달 만에 정식 행자승이 됐다. 붉은 색 행자복을 입고 머리를 깎고 나니, 벌써 스님이 다 된 기분이었다.

그렇게 정식 스님이 되기 위해 열심히 일하며 정진하는 내게 하루는 이곳 사찰에서 직원으로 일하는 보살 아주머니가 내 얼굴을 빤히 쳐다보며 아주 밥맛 떨어지는 말을 했다.

"우리 행자 스님은 여기서 스님 되실 분이 아닌데."

나는 불쾌한 표정을 지으며 그 이유가 뭐냐고 따져 물었다.

"내가 영안이 열려서 남들이 못 보는 것을 좀 보거든. 우리 행자님에게는 이미 다른 큰 신(神)이 와 있어. 여기 오래 계실 분도 아니고, 스님이 될 분은 더욱 아니라니까. 내 말이 틀림없어. 두고 봐요."

"누구 앞길 막을 일 있어요? 두 번 다시 그런 말씀 하지 마세요!"

보살 아주머니의 불경스런 말에 나는 무척 화가 났다. 다시는 그런 이상한 말일랑 꺼내지 말아달라고 단단히 주의를 주었다.

> **3장** 불제자에서 주의 종으로

8개월간 이어진 부모님의 설득

정식 행자승으로 열심히 밥을 짓고 바쁜 일과를 보내던 중이었다. 예비군 훈련 때문에 주민등록을 옮겨야 해서 잠시 집으로 왔다. 그런데 얼렁뚱땅 거짓말로 부모님을 보내드리고 감감무소식이니, 부모님도 작정을 하셨는지 나를 보내주지 않았다. 얼마나 애가 타셨을지 짐작이 된다. 부모님의 통사정에 절로 돌아가지 못하고 8개월 동안을 고향집에 머물게 됐다. 어쩌면 차라리 잘됐다 싶었다. 나는 정식으로 승려의 길을 허락해 달라고 떼를 썼다. 부모님도 절대 허락하지 않으셨다. 끝까지 안 들어주시기에, 나는 밥상을 거절하며 단식 투쟁을 했다. 그러자 부모님도 더 이상 나를 설득하지 않으셨다.

"창훈아, 너는 이제 내 자식 아니다. 가라."

속도 없이 승리했다는 마음에 집에 있는 8개월 동안 나는 대놓고 염불 책 한 권을 다 외웠다. 다시 절간으로 가려고 준비를 마쳤을 때다. 서울에 살고 있던 누나한테서 연락이 왔다.

"창훈아, 가기 전에 서울에 꼭 한 번만 왔다 가라."

승려가 되려는 길에 자꾸 걸림돌이 나를 가로막는 것 같았다. 하긴 절에 들어가면, 다시 만나지 못할 가족이었다.

'그래. 이제 합천 해인사에 들어가면 십 년 뒤에나 만나게 될 텐데, 누나도 보고 여동생도 볼 겸 서울에 잠깐만 갔다 가자.'

3장 불제자에서 주의 종으로

희한한 만남

누나의 간청에 따라 서울에 도착했다. 이런 저런 이야기 끝에 누나가 뜸을 들이며 말을 아꼈다. 아니나 다를까. 예상한 대로였다. 누나의 간증과 전도가 시작됐다. 나는 누나를 비웃었다. 교회와 목사님들을 욕해가며, 내 갈 길은 오직 승려 시인의 길뿐이라고 소리를 높였다.

그 다음날 아침을 먹고 나서 누나네 집 앞에 있는 동네 목욕탕에 갔다. 목욕을 하고 있는데 주인이 내 이름을 불렀다.

'서울 장안에서 나를 찾는 사람이 있다니, 도대체 누가?'

나와 보니 누나가 내게 급히 사람을 보낸 거였다. 서둘러 누나 집으로 갔더니, 흰 두루마기를 입은 사람이 앉아 있었다. 도사님 같기도 하고 유명 인사 같아 보이는데, 통 알 길이 없었다. 서로 통성명을 하고 보니 그분은 지난날 승려 생활을 하다 지금은 장로가 돼 간증 집회를 다니시는 장로님이셨다. 누나가 그러면 그렇지 싶었다.

마주 앉자마자 지긋지긋한 입씨름이 또 벌어졌다.

"강 선생님! 불교는 허무한 것입니다."

"아닙니다. 장로님은 땡땡이 사판승이라 잘 몰라서 그렇지, 절대로 정통 불교는 그렇지 않습니다."

나는 내가 가진 상식과 지식을 총동원해 우겨댔다. 서너 시간 나와 입씨름을 하던 장로님이 그만 지쳤는지 한 가지 타협안을 들고 나왔다.

"강 선생은 좋은 일 하며 살려고 절에 간다고 했지요? 그럼 강 선생은 서울에 있는 절에 다니고, 나는 교회에 다니면서 둘이 같이 힘을 모아 어려운 사람들도 돕고 좋은 일을 해봅시다."

그런데 그 말을 듣는 순간 신기하게 내 마음이 움직였다.

"좋습니다, 약속하신 대로 장로님은 교회 다니면서 좋은 일 하시고, 나는 서울에 있는 조계사에 다니면서 좋은 일 할 테니, 대신 절대로 교회 가자는 이야기는 하지 않는 겁니다."

나는 다짐을 받았다. 내 입에서 그 말이 나오자마자, 장로님은 좋아서 내 손을 잡았다.

"강 선생! 참 좋은 결단하셨습니다."

우리가 대화하는 내내 옆방에서 몰래 기도하던 누나는 하나님의 응답하심에 감격해서 하염없이 울었다. 서울로 주소를 퇴거하기 위해 짐을 꾸려 다시 오기로 하고 고향집에 돌아왔다. 아버지께서 뜻밖에 말씀을 하셨다.

"창훈아. 네가 서울 가기 전날 밤 꿈을 꾸었는데, 집 주위에 개나리가 활짝 피었더구나. 좋은 소식이 날아올 것 같아 널 기다렸다."

이미 누나의 전화를 받은 부모님은 긴 안도의 한숨을 내쉬며 조였던 가슴을 푸셨다.

3장 불제자에서 주의 종으로

3일 만에
주신
치유의 기적

고향집에 한 달쯤 있다가 옷가지와 불교에 연관된 책 몇 권을 챙겨 다시 서울에 왔다. 그런데 누나는 아주 용의주도했다.

"창훈아, 여기서 멀지 않은 곳에 병 고침을 받을 수 있는 부흥회가 열리는데, 딱 한 번만 같이 가자. 네 병만 고치면 더는 안 말릴게. 병 고치고 그 후에는 네 마음대로 절에 다녀라."

"뭐? 병이 나아요? 내가 몸이 아파 기도도 해 봤고, 죽을 지경이 돼서 온 방을 뒹굴어도 하나님이 고쳐주시기는커녕 외려 병만 계속 불어납니다. 이래봬도 내 몸이 종합 병원입니다. 듣기 싫으니 제발 하나님이니, 예수님이니, 병 고침이니, 하는 말 따위는 두 번 다시 꺼내지 마세요."

나는 대번에 핀잔을 줬다. 그래도 누나의 권유는 계속됐다.

"창훈아, 부흥회에 참석하면 병이 많이 낫는다더라. 지금은 딱히 급한 일도 없으니 한 번만 따라가자."

누나는 지치지도 않고 자꾸 권했다.

'그래! 예수 믿으라는 조건도 아니고 병만 낫는다면야 손해 볼 건 없지.'

나는 자포자기의 심정으로 순순히 따라 나섰다. 집회 장소에 갔더니 사람이 꽉 차 있었다. 뒤에 비집고 들어가서 겨우 앉아 설교를 듣고 있는데, 도저히 머리가 아파 견딜 수가 없었다. 영적인 전쟁이 시작된 것이다. 갑자기 내 눈앞에 인자한 미소를 머금은 관세음보살상이 나타나더니, 내 주위를 빙글빙글 도는 게 아닌가? 돌고 또 돌고 나중에는 현기증이 날 정도로 빠르게 돌았다. 도저히 설교를 들을 수가 없었다. 그러나 나오고 싶었지만 뒷문 출입구에 사람이 빽빽하게 들어서서 나갈 수도 없었다.

설교가 끝나자 병 고침 받은 자들이 간증을 시작했다. 감격 속에 울면서 말하는 모습을 보니, 거짓말은 아닌 것 같았다. 집으로 오면서 나는 고개를 갸웃거렸다.

'글쎄? 저게 사실일까?'

그런데 정작 내 감정이 묘했다. 다음 날엔 의심 반 기대 반으로 누나를 따라 치유 집회에 참석했다. 역시 견딜 수 없을 정도로 가슴이 답답하고 머리가 아팠다. 괜히 왔나 싶었다. 그날도 별 소득 없이 집으로 돌아왔다. 다시는 교회에 오지 않으리라 결심을 했다.

그런데 누나는 아예 작정을 했는지, 마지막으로 딱 한 번만 더 가 주면 더는 권하지 않겠다고 통사정을 했다. 세 번째 날도 나는 교회에 앉아 있었다. 설교가 시작됐는데 머리가 아프지 않았다. 그때 성령께서 찾아오셔서 내 마음을 녹이기 시작했다. 예배 시간 내내 눈물이 터져 나왔다. 그렇게도 내 주위를 돌던 관세음보살상이 사라지고, 지난날 고등학교 때 받은 은혜와 감격이 내 속에 파도처럼 되살아나기 시작했다.

설교 후 통성 기도 시간이 됐다. 준비도 안 됐는데 오륙 년 동안 막혔던 기도가 터져 나왔다.

"하나님, 살아 계심을 부인하고 죄만 짓고 살아온 이 죄인을 용서해 주세요."

나는 두 주먹을 불끈 쥐고 가슴을 치고 땅을 치다가 얼굴을 바닥에 대고 대성통곡을 했다. 그날 저녁부터 아예 금식을 하며 울고불고 회개를 했다. 드디어 내 몸이 뜨거워지면서 질병이 고침 받았다는 확신이 왔다. 그동안 아팠던 위장이 아무렇지도 않았고, 눈에서 나오던 이물질도 멈췄다. 허리의 통증도 느껴지지 않았고, 더 이상 속이 메스껍지도 않았다. 그토록 날 괴롭히던 불면증도 간곳없고, 바늘 뭉치로 찔러 대는 듯한 가슴의 통증도 사라졌다. 그때 앓았던 어떤 병도 지금까지 평생 다시 도지지 않았다.

이 일을 하나님의 역사가 아니라고 누가 부인하겠는가! 6년 동안 약으로도 안 되고 의사도 못 고쳤던 질병이, 회개한 지 딱 3일 만에 감쪽같이 사라진 게 아닌가! 하나님은 살아 계셨고, 살아 계신 하나님이 내 병을 한꺼번에 치료하신 것이다. 말 그대로 나는 기적을 체험했다.

3장 불제자에서 주의 종으로

펄펄 끓는 가슴으로 전도자가 되다

그때부터 눈이 뒤집혔다. 자나 깨나 오직 예수, 오직 전도, 오직 기도뿐이었다. 설교를 들으면 구구절절 은혜가 됐다. 아침 식사가 끝나기 무섭게 버스, 전철, 길가와 시장으로 다니며 목이 터져라 복음을 외쳐댔다. 주님 만난 가슴이 너무 뜨거워 도저히 그냥 있을 수가 없었다. 버스를 타고 전철에 오르면 망설일 겨를도 없이 복음이 터져 나왔다.

"여러분! 저는 예수 믿다가 타락하고 합천 해인사에 들어가 삭발을 했던 사람입니다. 그랬던 제가 예수 믿고 3일 만에 병 고침 받고 새사람이 됐습니다. 여러분! 예수 안에 생명이 있습니다. 예수 안에 축복이 있습니다."

그런데 놀라운 일이 벌어졌다. 버스 안에서 내 말을 듣던 사람들이 눈물을 훔쳐냈다. 더 넓은 지하철 안에서 외치자, 어떤 사람은 내 손을 붙들고 울면서 자기도 잃어버린 주님을 다시 믿겠다고 했다. 또 자기가 전도사이고 목회자라고 소개하면서, 내게 장하다고 칭찬도 해 주었다.

당시 어디서 그런 용기가 났는지 나도 믿을 수가 없었다. 원고도 없는 말들이 쏟아져 나왔다. 사람들 앞에만 서면 거침없이 내가 만난 예수님을 전했다. 한 번은 지하철을 기다리는데, 승복을 입은 스님 두 사람이 지하철을 타려고 왔다. 불쌍한 마음도 들고, 미운 생각도 들었다. 내가 모르고 속았던 것에 대한 오기도 생겨 밑도 끝도 없이 전도를 했다.

"스님, 예수 믿으세요. 예수 안 믿으면 아무리 수도하고 염불해도 헛일입니다."

내가 과거에 합천 해인사에서 머리 깎은 사람이었다는 말부터 시작해서 내가 만난 예수님을 목청을 돋우어 전했다. 그러자 스님들은 창피했거나 또는 귀찮았는지, 슬금슬금 저쪽으로 피해 가기 시작했다. 나는 악착같이 뒤쫓아 가서 전도지를 주고서야 돌아오는 차를 탔다. 눈물이 양식이 되고 전도가 사명이 되면서, 나는 죽어가는 영혼을 위해 외치는 복음전도자가 됐다. 상상도 못할 신기한 변화요, 은혜 중의 은혜였다.

> 3장 불제자에서 주의 종으로

주의 종으로 부르시기에

불같이 타오르는 가슴으로 낮에는 허기가 지도록 전도하고, 밤에는 삼각산에 올라가 울면서 기도하는 시간이 이어졌다. 그러다 보니 거의 매일 밤 숙면을 취하지 못했다. 그러던 어느 날 누나 집 다락방에서 잠을 자려고 누웠을 때다. 막 잠이 들었는가 싶었는데, 어떤 사람의 손이 내 이마를 사정없이 내리쳤다. 그러면서 우렁찬 소리가 들렸다.

'목사가 돼라!'

순간 벌떡 일어났다. 분명 비몽사몽간이었는데, 얻어맞은 머리가 아프고 그 소리가 귀에 쟁쟁하게 남아있었다. 시계를 보니 잠든 지 겨우 5분밖에 지나지 않은 시각이었다.

'아야. 누구지? 누군데 나보고 목사 되라고 머리를 치지?'

이상히 여겼지만 한밤중이라 다시 잠자리에 들었다. 며칠이 지났을까. 똑같은 사건이 또 벌어졌다. 잠자리에 누워 막 잠이 들었는데, 또 지난번과 똑같은 손이 이마를 사정없이 내리치더니 큰 음성이 들렸다.

'목사가 돼라!'

뭐가 뭔지 잘 몰랐지만, 일단 일어나 앉아 기도를 시작했다.

"하나님, 저는 아시다시피 목사가 될 수 없습니다. 하나님을 부인하고 욕한 자입니다. 교회를 욕한 자이고, 목사님들을 욕한 자입니다. 게다가 모든 게 부족한 저 같은 사람이 어떻게 그 거룩한 목사님이 되겠습니까. 절대로 못하겠습니다."

며칠이 지난 어느 날 예배 시간에 설교를 듣고 있는데, 성령의 감동이 몰려왔다. 눈물이 핑 돌더니 하나님이 내 속에서 강하게 강권하셨다.

'너는 목사가 되기를 서원하라.'
'아니요, 하나님 저는 못합니다.'
'너는 지금 목사가 되기를 서원하라.'
'아니요, 하나님 저는 못합니다. 대신 앞으로 돈 많이 주시면 집사

가 돼서 구제도 하고 선교도 하고 선한 일에 충성하겠습니다.'

내 속에서 강권하시는 하나님과 못하겠다고 하는 내 자신이 15분쯤 밀고 당기고 있는데, 차츰 가슴이 조이며 숨이 막혀왔다. 그리고 똑같은 강권하심이 계속됐다.

'지금 목사가 되기를 서원하라! 지금 목사가 되기를 서원하라!'

2분 정도 대답을 안 하고 버티고 있는데, 더 이상 거역하면 숨이 막혀 죽을 것 같았다. 어쩔 수 없이 억지 반으로 서원을 했다.

"하나님! 목사가 되는 것이 하나님의 뜻이라면 하겠습니다."

그렇게 순종하자마자 주체할 수 없는 감사와 감격의 울음이 터져 나왔다. 입을 막고 예배실을 빠져나와 기도실에서 목 놓아 울었다.

"주님을 위해 목숨 바쳐 충성하는 목사가 되겠습니다!"

기도실 바닥이 눈물 콧물로 범벅이 되도록 바닥을 치며 울고 또 울었다. 합천 해인사에서 승려의 길을 결심하고 출발했던 내가 주님의 종으로 돌아서는 기적 같은 순간이었다. 죄인 중에 괴수였던 나를 목사로 부르시다니. 감사와 감격의 은혜가 나를 에워싸서 몸이 공중에 떠있는 것 같았다. 이후 6개월간 쉬지 않고 전도했고, 3년을 울면서 다녔다. 나의 의지가 아니었다. 말로 표현이 안 되는 감사와 감격으로 나를 이끄는 분이 계셨다.

4장

용광로 속 연단의 세월

라어카에 차린 야채 가게

삼각산 동굴 속에서의 연단

귀신을 쫓아내다

눈물로 드린 세 가지 서원

보름 만에 올린 결혼식

아내의 기도

4장

용광로 속 연단의 세월

리어카에 차린 야채 가게

신학 공부를 하려고 보니, 형편상 걸리는 게 많았다. 우선 학비를 마련하려면 당장 돈을 벌어야 했다. 낮엔 돈을 벌고 야간에 신학 공부를 하기로 했다. 중고 리어카를 한 대 구하여 시장에서 물건 사는 법부터 배웠다. 그날부터 새벽 예배를 드린 후에는 용산시장, 청량리시장, 경동시장, 중부시장을 다니며 장사할 물건을 사왔다.

가장 먼저 판 것이 고구마와 감자였다. 큰 자루 째 사서 리어카 위에 풀어놓고, 앞쪽에 저울을 올려놓았다. 오른손에는 메가폰을 들고 생전 처음으로 장사를 나갔다. 그런데 도저히 혼자 나갈 용기가 나질 않았다. 고민 끝에 초등생이었던 누나의 큰아들더러 같이 가자고 했다. 나는 앞에서 리어카를 끌고 조카는 뒤에서 밀고 다니며 메가폰을 들고 외쳤다.

"감자가 왔습니다. 고구마가 왔습니다. 어서들 나오셔서 싱싱한 감자와 고구마 사세요."

막상 해보니 두 마음이 교차했다.

'목사님 되기 위한 건데 뭐가 창피해. 당당하고 멋있잖아!', '아냐. 그래도 그렇지. 어릴 때 부잣집 아들 소리 들으며 돈 궁한 줄 모르고 살았는데, 지금 내 신세가 이게 뭐야.'

처량해하는 내 속내를 읽으신 것일까. 하나님은 첫날부터 감자와 고구마를 완판하게 해주며 나를 위로하셨다. 아주머니들이 장사하는 내 얼굴을 보고는 한마디씩 했다.

"글쎄, 리어카 끌 총각 같진 않은데, 장사를 다하네!"

그럴 때마다 나도 속으로 한마디씩 대꾸를 했다.

'아니, 감자 사러 왔으면 감자나 보고 살 것이지, 왜 내 얼굴을 먼저 봐? 그래도 사람 볼 줄은 아시네, 비록 지금은 이러고 있지만, 훗날 두고 보세요. 내가 어떤 목사가 되나.'

그러고는 당당하게 말했다.

"예, 저는 목사 되려고 공부하는 신학생입니다. 공부하려고 장사합니다."

그랬더니 그 다음부터는 나를 '신학생 장사'라고 불렀다. 장사 첫날 이만 오천 원을 벌었다. 허기질 때마다 찬물로 배를 채우고 살았는데, 하루에 이 돈을 장사로 벌게 되다니, 금세 부자가 된 기분이었다.

제일 먼저 십일조부터 떼었다. 십분의 일이 넘는 3천 원을 따로 봉투에 담아두고, 이익금은 매일 은행에 입금했다. 매일 정확하게 돈 관리를 했다. 일 년 남짓 리어카 장사를 하는 동안 엿, 번데기, 화장지, 수박, 참외, 토마토, 감자, 고구마, 양파, 땅콩, 오징어, 쥐포 등을 팔았다. 작은 리어카는 내게 이동식 야채 가게나 다름없었다. 나중엔 좀약을 봉지에 담아 버스 안에서 팔기도 했다.

하루는 증산동 일대를 돌며 감자와 양파를 팔고 돌아오는데, 갑자기 소나기가 퍼부었다. 흘러내리는 빗물에 차가워진 내 뺨 위로 뜨거운 눈물이 주루룩 쏟아졌다. 길옆에 리어카를 세우고 아스팔트 위에서 무릎을 꿇었다.

"하나님, 나를 낮추시려고 인생 밑바닥부터 경험케 하시는 섭리에 감사드립니다."

나는 리어카 손잡이를 붙들고 앉아 빗속에서 감사의 기도를 올렸다. 그 날 소나기를 맞으며 다졌던 마음의 각오와 비에 젖은 내 모습이 지금까지 잊히지 않는다. 물에 빠진 생쥐처럼 찰싹 달라붙은 머리칼과 옷차림, 물주머니가 되다시피 한 슬리퍼 속의 젖은 양말, 심지어 허리에 찬 국방색 돈주머니에서도 빗물이 줄줄 타고 내렸다.

'하나님, 이 고생이 헛되지 않도록 참된 종이 되겠습니다.'

두 주먹을 땅에 대고 나는 통곡의 눈물을 하염없이 흘렸다.

> 4장
>
> 용광로 속 연단의 세월

삼각산 동굴 속에서의 연단

리어카 장사를 하며 야간에는 공부를 했다. 공부가 끝나면 종종 삼각산에 가서 새벽 두세 시까지 기도를 하고, 바위에 누워 잠시 눈을 붙였다. 그리고 곧장 일어나 시장에 가서 굴건을 샀다. 힘은 들었지만 신학 공부도 재미있고 장사하는 일도 재미있었다.

어느 날 교육전도사로 봉사하던 교회의 사모님이 나를 부르셨다. 얼마 동안 산 기도를 좀 하면 어떻겠느냐고 하셨다. 목사님과 사모님이 산 기도를 하던 분들이어서, 나에게도 권하지 않았나 싶다. 사모님의 깊은 뜻은 잘 몰랐지만, 내게는 순종이 곧 믿음이었다. 나는 스티로폼 한 장과 이불 보따리, 녹이 슬어 고물이 다 된 석유곤로 하나를 챙겨서, 삼각산 사자바위 밑에 있는 동굴로 들어갔다. 새해가 지난 1월의 산꼭대기는 영하 15도가 넘었다. 살을 도려내는 듯한 추위가 온몸을 휘감았다. 소복하게 쌓인 흰 눈만이 부르심에 순종해 올라오는 나를 말없이 맞아주었다.

동굴에 들어갔더니, 내부가 온통 새까맣게 그을려 있었다. 구청에서 사람이 기거하지 못하도록 불을 질러서 동굴 속을 태운 것이다. 석유곤로를 피워놓고 물을 데워 꽁꽁 얼어붙은 손을 녹여가며 동굴 청소를 했다. 바닥에는 달랑 스티로폼 한 장을 깔고 가져간 이불을 풀었다. 한 평도 안 되는 좁은 동굴인지라, 이불이 채 펼쳐지지 않았다. 어차피 기도 훈련을 받자고 온 것인데, 이불이 펴지면 어떻고 펴지지 않으면 어떠랴 싶었다. 나는 공간에 괘념하지 않고 기도 시간을 정했다.

아침에 일어나 1시간, 정오에 1시간, 저녁 먹기 전 오후 5시에 한 시간, 밤 12시부터 새벽 3시까지 기도하기로 하고, 시간표를 적어 시커먼 벽에다 붙여놓았다. 그렇게 차디찬 겨울 내내 나는 기도와 씨름하며 말씀에 붙잡혀 지냈다. 동굴 밖 가득 쌓인 흰 눈과도 자주 싸워야 했다.

처음에는 눈물로 회개하다 기도에 힘이 붙으면, 벌떡 일어나 두 손을 들고 외쳤다. 아무도 없는 겨울 산이고 보니, 누굴 의식할 게 없었다. 마음의 소원을 따라, 얼마든지 부르짖는 기도가 가능했다.

"하나님, 저 밑에 보이는 서울을 주시고, 대한민국을 주시고, 오대양 육대주와 온 세계를 주소서. 복음을 전하고 또 전하겠습니다."

나라와 위정자들과 한국 교회, 세계 교회, 구원받을 영혼들을 위해 중보 기도의 외침을 쏟아냈다. 그런데 열정과는 달리 먹은 게 없어선지 오래 기도하기가 무척 힘들었다. 궁여지책으로 허리 벨트 안에 타올을 두 장씩 집어넣고 배를 조이며 기도했다. 안 되면 눈을 주워 먹고 차디찬 냉수로 배를 채웠다. 그래도 안 될 땐 소나무 잎을 뜯어 물에 씻은 다음 씹었다. 그런데 허기진 배가 채워지기는커녕 떫디떫은 맛에 내 신세가 처량하고 서글퍼져서 나도 모르게 눈물이 났다.

두어 달이 지나니, 양지바른 산꼭대기부터 봄소식이 찾아왔다. 기거하던 동굴 옆에 파릇파릇한 쑥이 고개를 내밀었다. 어릴 때 어머니가 맛있게 끓여주시던 쑥국 생각이 났다. 여린 햇쑥을 한 주먹 뜯어다가 냄비에 넣고 된장을 조금 푼 다음에 팔팔 끓였다. 잔뜩 기대하며 쑥국 한 술을 떠서 입에 넣었다. 그런데 어찌나 쓰던지 두 번 다시 숟가락을 들지 못했다. 쓰디쓴 쑥국이 또 다시 나를 울렸다. 먹을 게 없어 허기진 내 모습이 처량하여 쑥국을 앞에 놓고 소리 내어 울었다. 그리고 기어코 승리하리라는 결단의 주먹을 불끈 불끈 쥐었다.

그런 와중에도 공식 예배 시간이 되면, 교회에 나가 교육전도사 직을 수행했다. 교회 사역이 끝나면 기다려주는 이 없는 삼각산 동굴 내 집으로 돌아왔다. 흰 눈이 소복이 쌓인 겨울, 동굴 속에 있는 내게 사람 대신 정다운 친구들이 찾아왔다. 다람쥐와 이름 모를 작은 새들이었다. 동굴 입구를 비료부대용 비닐로 가려 놓았는데, 그 앞에 새들이 찾아와 짹짹거리고 다람쥐가 놀다 갔다. 그래서 낮에는 일부러 비닐을 조금 말아 올려놓고 친구들을 기다렸다. 그들은 하루에도 몇 번씩이나 찾아왔다. 나도 모르게 속마음이 튀어나왔다.

"다람쥐야, 새들아, 너희들도 집이 없니? 나도 집이 없단다. 너희들 신세가 내 신세와 비슷하구나. 외롭고 추울 땐 언제든지 찾아오렴. 기다릴게."

어느 날 오전 성경책을 읽고 있었다. 동굴 옆으로 사람 발자국 소리가 나더니, 초등학생 쯤 되어 보이는 남자아이의 목소리가 들렸다.

"엄마! 이런 산속 동굴에서도 사람이 살아?"

"응! 사울이 변해서 바울이 되면, 이런 동굴에서도 기도하며 살 수 있지."

그 엄마가 하는 말이 명답 중의 명답이었다. 모자간의 무심한 질문과 대답이었을 텐데, 내 모습과 너무나도 딱 들어맞았다. 나는 혼자서 무릎을 치며 감탄했다.

'저 아이의 어머님이 어떻게 내 사정을 다 아시고 저렇게 멋진 대답을 하실까?'

주님은 기도를 통해서도 힘을 주셨지만, 성경을 통해 말할 수 없는 은혜를 맛보게 했다. 한번 성경책을 펴고 앉으면 한나절이 지나갔고, 밥 먹고 앉으면 해가 져서 금방 새벽 서너 시가 됐다. 성경책에 밑줄을 긋고 또 긋다 보니, 나중에는 온 성경책 페이지마다 단풍이 붉게 물들었다. 그 위에 눈물 자욱이 군데군데 번져 독특한 무늬를 이루었다. 구원의 감격, 주의 종으로 불러주신 것에 대한 감사, 성경 읽고 기도하고 금식할 때 받는 응답의 기쁨, 살아 계신 하나님이 나와 함께하신다는 확신이 나로 하여금 전율케 했다. 감사의 눈물이 마르지 않았다.

고난과 고독보다 더 멋진 연단이 또 있을까. 우리 주님은 나를 춥고 헐벗고 배고픈 고독 속에 몰아넣으셔서 영적으로 강한 훈련을 받게 하셨다. 그리고 이 연단의 터널을 통과하게 하셨다. 주의 종들에게 있어서 연단은 불순물을 제거하여 강하고 깨끗하게 빚어내기 위한 기초 트레이닝 과정이요, 무너지지 않는 견고한 기둥이요, 장차 다이아몬드보다 더 귀한 열매를 맺게 하는 십자가 군사들의 실상이다.

4장 용광로 속 연단의 세월

귀신을 쫓아내다

　신학 공부를 할 때였다. 아버지 회갑을 맞아 고향집에 내려갔다가 부모님의 심부름으로 농협 마트에 갔다. 자전거로 10분 정도 소요되는 거리였다. 물건을 사서 계산을 하려는데, 웬 여자가 막 고함을 지르며 수선을 피웠다. 흘깃 옆을 돌아봤더니, 얼굴이 새까만 여자가 있었다. 머리도 오랫동안 감지 않은 것 같고 찌든 때가 박힌 치마를 입고 있었다. 직관적으로 알아차렸다.

　'아, 이건 귀신 들린 여자구나.'

　계산을 마저 하고는 여자 쪽으로 돌아섰다. 나와의 거리는 불과 1.5m 앞이었다. 나는 담대하게 손을 들어 축사를 했다.

　"예수 이름으로 명하노니, 더러운 귀신아, 나가!"

　갑자기 그 여자가 무릎을 팍 꿇더니, 두 손으로 빌기 시작했다. 하나님이 역사하심을 깨닫고 그 여자의 머리에 손을 얹고 안수 기도를 했다.

"더러운 귀신아, 나가!"

그런데 무릎 꿇고 빌던 여자가 갑자기 돌변했다. 막무가내로 내 얼굴을 할퀴면서 내 멱살을 잡고 막 나뒹굴었다. 나도 여기서 질 수는 없었다. 그 여자를 휘어잡고 약 5m 전방에 있는 농협 문을 향해 데굴데굴 굴렀다. 바로 옆은 도로였는데 움푹 패어 있었다. 나는 예수 이름으로 떠나가라고 소리를 지르고, 그 여자는 알 수 없는 괴성을 지르며 용을 썼다. 조금 있으니 20여 명의 어르신들이 구경을 하고 있었다. 다시 한 5분쯤 지났을 때였다. 그 여자가 거품을 토하며 축 늘어졌다. 악한 귀신이 떠나간 것이다. 그리고 나는 집으로 왔다.

나중에 들어보니, 그 여인은 5,6년 전에 교통사고로 아들을 잃고 그 충격으로 정신 이상자가 되었다고 했다. 이틀이 멀다하고 맨발로 돌아다니며 고함을 지르고 아무에게나 삿대질을 했다고 한다. 이후 그녀는 소리도 지르지 않을 뿐만 아니라, 지극히 정상인이 되어 잘 살고 있다고 한다. 하나님께서 귀신을 쫓아내심으로써 영광을 받으셨다.

4장
용광로 속 연단의 세월

눈물로 드린 세 가지 서원

　동굴 속에 기거하며 학교에 다니고 전도사로 봉사할 때였다. 나도 뭔가 주님께 드리고 싶은데 몸밖에는 아무 것도 드릴 것이 없었다. 기도할 때마다 드리지 못하는 마음이 뼈에 사무쳐 일생을 걸고 하나님께 서원을 했다. 지극히 개인적이며 쑥스러운 내용이지만, 혹여 도전 받을 분이 있을까 해서 공개한다.

　첫째, 내 평생 주의 일을 할 때 개인 통장을 갖지 않고 물질을 쌓아두지 않겠다고 서원했다. 혹시 후에 부모님으로부터 유산을 받게 되면, 한 푼도 쓰지 않고 특정 선교회에 다 드리기로 약속했다. 또한 일평생 내가 받을 목회자 사례비와 상여금을 오래전에 이미 헌금으로 다 돌려놓았기에, 늘 호주머니가 가벼워 아주 편한 목회를 하고 있다. 돈이 있어야 쓸 일이 걱정 되지, 아예 용처가 없는 내겐 그런 걱정이 없으니 참으로 편했다. 개척 초기에 매달 심방비 50만 원과 활동비 50만 원을 아내에게 주면, 아내는 봉투를 받자마자 그달에 드릴 헌금 내역과 금액을 적어 내려간다.

"여보! 매달 56만 원씩 헌금으로 나갑니다."

그때마다 내 대답은 늘 한마디뿐이다.

"응, 알았어. 하나님이 이번 달도 책임지시겠지."

이것저것 지출하고 나면 15만 원에서 20만 원 정도가 남았다. 한 달 동안 이발비와 교통비, 이곳저곳 경조사에 인사치레를 하다 보면, 항상 마이너스가 늘어난다. 그래도 우리 목회와 가정을 책임지시는 하나님은 필요에 따라 항상 도울 자를 예비하시고, 공급하시며 간증거리를 만들어 주셨다.

둘째, 평생 기도를 쉬지 않겠다고 서원했다. 산꼭대기 눈 위에서 부르짖었던 기도가 하나님께 상달되었음을 믿기에, 절대로 기도를 쉬지 않겠다고 맹세한 것이다. 그 서원대로 지금까지 쉬지 않고 하루에 3번 씩 드리는 기도회를 담임 목회자인 내가 직접 이끌어가고 있다. 앞으로도 내 사명이 끝나는 날까지 기도를 계속할 생각이다.

셋째, 일평생 전도하고 구제하고 선교하겠다고 서원했다. 그래서 개척 후 얼마 지나지 않았을 때부터 선교지를 정하고, 매월 3만 원씩 네 곳에 협력했다. 지금은 선교지가 20배쯤 늘었지만, 그때 일이 감사해서 그리 많지 않은 선교비이지만 한 달도 거르지 않고 이어가고 있다.

  이렇게 하나님이 주시는 감동을 따라 눈물로 서원하고 지켜온 것들이 우리 교회의 사명이 되었고, 늘 깨어 살아 움직이게 하는 토양이 됐다.

4장 용광로 속 연단의 세월

보름 만에 올린 결혼식

외로운 동굴 생활 속에서도 가끔씩 결혼 기도를 했다. 한데 내가 생각해도 결혼 기도 제목이 약간 특이했다.

"하나님이 감동을 주시면 외모, 학벌, 물질에 상관없이 무조건 결혼을 하겠습니다. 저와 사명이 같은 사람, 예수님 잘 믿는 사람을 배우자로 주십시오."

그날은 동굴에서 보름동안 금식을 한 후다, 누나 집에서 죽을 먹으며 보식을 하고 있었다. 마침 그 보식이 끝났는데, 친구한테서 전화가 걸려왔다.

"창훈아, 이리 좀 나와라. 지금 바로."

"왜 그래?"

"일단 와 봐."

영문도 모른 채 나간 그 자리는 신학교 여학생 졸업 파티 모임이었다. 거기엔 여자 신학생 몇 명이 함께하고 있었다. 여학생들은 모두 한복 차림이었다. 알고 봤더니 동기 전도사가 오기로 되어 있는데, 사정이 생겨 그가 불참하는 바람에 내가 대타로 투입된 것이었다. 내 자존심이 구겨지는 느낌이었지만, 이 또한 하나님의 섭리였다.

사실 그 자리에 나오기 전날 밤에 이상한 꿈을 꿨다. 꿈인 것 같기도 하고 비몽사몽간에 본 환상 같기도 했다. 한복을 입은 어느 여자가 포장된 함을 하나 가지고 오더니, 다짜고짜 날 보고 받으라고 한다. 그래서 내가 말했다.

"저는 이유 없이 남의 물건을 받는 사람이 아닙니다. 가져가세요. 저는 절대로 안 받습니다."

그래도 내게 그 함을 주려고 했다.

"이건 당신 거니 꼭 받으세요."

계속 주니 어쩔 수 없이 받았다. 그리고 바로 풀어봤는데, 노란 약밥이 들어있었다. 그걸 한참 들여다보았다. 그러자 노란 약밥이 다이아몬드처럼 반짝이며 빛을 내기 시작했다. 그러면서 주님이 성령으로 감동을 주셨다.

'이건 땅에서는 구할 수도 없고 볼 수도 없는 보화다. 하늘나라에서 너에게 주는 보화다.'

그런 꿈을 꾼 후였는데, 실제로 앞에 한복을 입은 처녀가 있으니 무슨 일인가 싶었다. 갑자기 앞에 앉은 여학생을 보는데 꿈에서 본 약밥이랑 겹쳐져 보였다. 앞에 앉은 여학생은 얼굴에 여드름이 많이 나서 마치 약밥처럼 보였던 것이다. 속으로 탐탁지 않아 하고 있는데, 내게 선물이라며 뭘 내밀었다. 당시 그 여학생은 통합 측에 속한 교회의 청년부 회장을 맡고 있었다. 그래서 나더러 그 교회에 와서 내가 만난 주님을 간증해달라고 부탁하는 거였다. 다른 부탁도 아니고 하나님을 간증하는 일이니, 나는 바로 수락을 했다. 그리고 며칠 뒤에 가서 간증도 했다.

그 여학생에게서 다시 연락이 와서 두 번째 만남을 가졌다. 여학생은 그때 내가 했던 간증을 녹화한 테이프를 가지고 왔다. 단 둘이 만난 장소는 빵집이었다. 당시 찐빵 한 개에 100원 할 때인데, 가난한 신학생인 나는 천 원을 주고 빵 10개를 시켰다. 그리고 내게 준다고 가져온 테이프를 받았다.

"빵 먹읍시다."

딱히 할 말이 없었던 나는 이 한 마디를 뱉고는 빵 먹는 데만 집중했다. 두세 개쯤 먹다가 슬쩍 보니, 앞에 앉은 여학생은 홀짝 홀짝 물만 마시고 있었다. 멋쩍어서 또 한 마디를 건넸다.

"잘 지내셨지요?"

그런데 이상한 일이 벌어졌다. 마음 속에서 성령이 강하게 감동을 주시며 말씀하시기를

'앞에 있는 저 자매가 네 짝이다.'

너무 당황스럽고 놀라 속으로 반문을 했다.

'에이, 하나님. 농담하시는 거죠?'

내가 아무리 가진 것 없는 전도사이지만, 나름대로의 이상형은 있었다. 예쁘고 안 예쁘고를 떠나서 마주하고 있는 이 여학생은 얼굴에 여드름 범벅이라, 내가 바라던 얼굴은 아니었다. 그런데 한편에서는 자책하는 마음도 들었다. 문득 동굴에서 금식하며 했던 배우자 기도 내용이 떠올랐다.

"하나님, 나는 이제 기도 안 하면 안 되는 사람입니다. 이렇게 금식하고 예수에 미쳐서 살아야 되는 인생이니까, 절대로 나하고 맞지 않는 사람은 제게 보내주지 마세요. 그 대신 주님이 꼭 집어서 '이 사람이 네 배필이다' 그렇게 감동을 주시면, 제가 100% 순종하겠습니다. 상대의 집안도 안 보고 외모도 안 보고, 뭐 눈이 하나 없든지 다리가 하나 없든지 상관하지 않고 무조건 결혼하겠습니다."

사실 기도는 그렇게 해놨지만, 지금 나와 마주앉은 그녀에게 이성으로서의 호감과 끌림은 별로 없었다. 그래서 기도 내용을 대충 무시하고 있었는데, 조금 있으니 또 성령의 음성이 들려왔다.

'네 앞에 있는 그 자매가 너의 짝이다.'

그동안 초등학교 교사, 중학교 교사, 음악 선생, 여전도사님들하고 몇 번 선을 보긴 했었다. 그런데 이상하게 만나러 가면 영적으로 자꾸 거부감이 와서 이어지지는 않았다. 그래도 내가 끌려야 결혼을 하지 싶으니 선뜻 순종이 되지 않았다.

'하나님! 저는 아닌 것 같아요.'

그랬는데 이게 무슨 일인가. 갑자기 마음 속에서 설악산에 올라가 약 봉지를 집어던질 때와 같은 기쁨이 밀려들기 시작했다. 그 환희는 점점 빵처럼 부풀어 올랐다. 그 순간 앞에 앉은 여학생의 여드름이 싹 가려지더니, 복스럽고 예쁜 여인이 앉아있는 게 아닌가. 불과 1-2분 만에 사람이 싹 다르게 보였다. 마치 내 눈에 콩 깎지라도 썬 것처럼, 그 여학생이 마음에 쏙 들었다. 나는 다짜고짜 청혼을 했다.

"하나님이 짝이라고 합니다. 결혼합시다."

이런 내 모습에 나도 이해가 되질 않았는데, 더 이상한 건 상대방의 반응이었다. 나의 갑작스러운 청혼에 놀라지도 않고, 오히려 기뻐서 어쩔 줄 모르는 표정이었다. 며칠 뒤에 양가에 가서 인사를 드린 우리는 보름 만에 결혼식을 올리고 부부가 됐다.

내 사정을 잘 아시는 주님께서는 급하게 가정을 꾸려 주셨다. 나는 양복 두 벌을 맞췄다. 시계나 반지는 할 생각도 없었기에, 평소에 차고 다니던 전자시계를 광택 내는 가게에 가서 7,000원 주고 닦아 다시 찼을 뿐이다.

결혼식을 준비할 때부터 이미 나는 신혼 첫날을 하나님께 드리기로 했다. 결혼식이 끝난 후 우리는 약속대로 시외버스를 타고 한얼산기도원으로 신혼여행을 갔다. 신부를 기도원 방에 홀로 남겨두고 나는 100m거리에 있는 하늘산 기도원 잣나무 아래 기도처를 찾아갔다. 거기서 잣나무를 붙들고 하나님께 서원한 것을 평생 지키겠노라 다짐하고 또 다짐했다.

4장 용광로 속 연단의 세월

아내의 기도

고등학교 교사를 하시던 장인어른은 아내가 초등학교 5학년 때 하늘의 부름을 받으셨다. 그런데 장인어른은 자신의 임종을 미리 알고, 주변의 친인척들에게 임종초대장을 보냈다고 한다. 위암을 앓던 장인어른은 재발하면서 1년여 투병 생활을 했다. 그 사이 예수를 영접하고 늘 말씀을 읽으며 신앙을 지켰다. 특히 병이 나은 성경 속 인물이 나오면 빨간색과 파란색, 노란색으로 밑줄을 그으며 자신도 병 낫기를 기도했다. 그러던 장인어른은 어느 날 가족을 모두 불렀다.

"나는 3일 후에 하나님께 간다. 하나님이 나를 3일 후에 부른다고 말씀하셨으니, 3일 후에 내 장례를 준비해라. 담임 선생님이 너희들을 2교시가 되기 전에 부르실 거야. 귀를 잘 기울이고 있다가 선생님이 부르시거든, 11시까지 집으로 곧장 와야 한다."

실제로 3일 후에 담임 선생님이 나와 오빠와 언니를 호출했고, 모두 집으로 모였다. 아버지의 오른 손은 교회의 담임 목사님이, 왼손은 부목사님이 잡고 일가친척이 다 있는 가운데 함께 찬양을 했다.

"믿으면 하겠네. 주 예수만 믿으면…."

장인어른은 정확히 오전 11시에 구원 찬양을 부르며 그대로 하늘나라로 가셨다고 한다. 인간적인 마음으로야 슬프지만, 그런 모습으로 하나님 나라에 가시니 거룩한 장례가 됐다.

당시 장인어른은 40세, 장모님은 38세의 나이였다. 널찍한 학교 관사에서 살던 가족들은 모두 관사에서 퇴거했고, 남은 가족들은 작은 사글셋방에서 고생을 하며 지냈다. 졸지에 가장이 된 장모님은 자녀들을 부양하기 위해 등이 휘도록 일을 하셔야 했다. 다른 가족들도 눈 코 뜰 새 없이 자기 앞가림을 해야 하니, 어린 아내는 혼자 있을 때가 많았다.

의지할 데 없는 아내의 가족들에게 예수는 말 그대로 유일한 생명줄이었다. 아내는 그때부터 지금까지 출산할 때 빠진 것 외에는 공적 예배에 한 번도 빠진 적이 없다. 날마다 눈물로 기도하면, 여지없이 회개가 터져 나왔다. 바닷가 모래사장으로 수련회를 가면, 하도 땅을 치면서 부르짖어 모래밭이 움푹 파일 때가 많았다고 한다. 하지만 아무리 기도해도 어릴 때 아버지를 잃어서인지, '하나님 아버지'를 불러도 그 아버지에 대한 감이 잘 잡히지 않았다. 즉 자기만의 하나님을 만나는 일이 어려웠다는 것이다.

청년 시절엔 교회든 기도원이든, 새벽 예배든 낮 예배든, 가릴 것 없이 예배드리는 게 그냥 하나의 일상이었다. 마음이 외로운데 붙들어주는 사람이 없으니, 교회만이 아내의 유일한 낙이요 삶이었다. 그러는 가운데 어느새 신학교를 다니고 사모가 되겠다는 마음까지 갖게 됐다. 무엇보다 혼자 있는 삶이 외로워서, 이왕이면 결혼을 좀 일찍 하고 싶었다고 한다.

아내는 1986년도에 신학교를 졸업했다. 이왕이면 같은 신학교에서 배우자를 찾으면 어떨까 싶어, 그즈음 아내도 나처럼 배우자 기도를 시작했다고 한다.

"하나님, 머잖아 제가 신학교를 졸업(2월 20일)해요. 제가 그 날짜까지 딱 100일 동안 새벽 기도하고, 밤에 기도하고, 또 5시 이후로는 금식하면서 기도할게요. 저에게 맞는 배우자를 만나게 해주세요."

그런데 99일째 되는 날까지 아무 일도 일어나지 않았다. 이제 딱 하루밖에 안 남았는데, 아무런 역사도 일어나지 않으니 살짝 실망이 되었다. 작정기도회가 끝나는 날, 아내는 졸업식 모임에 참석했다. 남자 한 사람이 빠지는 바람에 내가 대타로 나간 것이고, 결국 결혼까지 하게 된 것이다.

사실 아내를 생각하면 남편으로서 미안한 일이 너무 많다. 나같

아내의 기도 97

이 아무것도 없고 융통성 없는 사람을 만나 지금까지 너무나 많은 고생을 했기 때문이다. 특히 첫날밤을 아내 혼자 있게 한 일은 두고두고 미안하다. 아내와 신혼여행을 가서는 여행 가방 하나 달랑 놓고 밤새 산 기도를 하느라, 아내를 홀로 방치했다. 내 딴에는 결혼 전부터 서원한 기도 제목이라고 해도, 아내 입장에서는 얼마나 말도 안 되는 행동인가. 신혼 초야의 멋진 이벤트는 만들어주지 못할지언정 정확히 어디 간다는 말도 없이 잠깐 기도하고 오겠다는 말만 남겨놓고 긴 밤을 홀로 기다리게 했으니 말이다. 나중에 아내가 말했다. 갑자기 자신을 낯선 곳에 홀로 두고 떠나니, 독립투사와 결혼한 줄 알았다고. 내 믿음은 지켰으나 아내에게는 정말 못할 일이었다.

그러나 나는 이틀 만에 또 아내의 가슴을 아프게 했다. 첫날밤에 아내를 독수공방시킨 것도 모자라, 시골에 가서 잔치를 하고 신혼집으로 온지 사흘 째 되던 날 나는 또 고집을 부렸다. 결혼을 하니 왠지 내 영적인 것들이 자꾸 쇠퇴하는 것 같았다. 기도 생활이나 삶의 계획들이 나태해지는 것 같아, 또 삼각산에 가서 21일 동안 철야 기도를 하고 온다고 말했다. 결혼한 지 1주일도 안돼서 벌써 두 번째 남편이 영적인 생활을 들먹이며 아내를 멀리했으니, 얼마나 황당했겠는가.

그럼에도 아내는 묵묵히 내 말을 따라줬다. 그래서 나는 21일 동안 삼각산 감람산기도원에서 기도하고, 사역하면서 학교에 가는 일상을 이어갔다. 그뿐인가. 아내가 있는 집에는 안 오면서 밀린 빨랫

감을 들고 1호선 남영역에서 만나 빨랫감을 주고 새 옷을 받아 기도원으로 갔다. 본인도 평생을 기도 하나로 살아온 사람인데, 결혼을 하자마자 남편이라는 사람이 이 세상 믿음은 혼자 다 가진 것처럼 유난을 떠니, 정말 어이가 없고 자존심이 상했노라고 어느 날 말했다.

단언컨대, 지금의 내가 있는 건 첫째는 하나님의 한량없는 은혜요, 두 번째는 나를 남편이기에 앞서 하나님의 종으로, 목회자로 존중하며 순복해준 아내의 숭고한 인내 덕분이다.

그렇게 하나가 된 우리 부부는 결혼 초기부터 지금까지 2가지 만병통치약을 가지고 산다. 365일 기도를 해야 하니, 날이 더운지 차가운지 계절감과 기후에 민감하지 못하다. 그래서 삼복더위 때만 빼고 사계절 내낸 내복을 입는다. 겨울엔 긴 채로 그대로 입고, 봄가을이 되어 조금 따뜻해지면 발목을 가위로 잘라 입는다. 여름에는 반바지로 잘라 입으니, 사시사철 내복을 벗는 일이 거의 없다. 그리고 오직 마데카솔 연고를 상비하고 산다. 모든 상처엔 연고 하나면 끝이다.

5장 — 1,000일 작정기도회를 시작하다

제1차 1,000일 작정기도회

개척 전도사가 되다

교회 창립 예배

고치시는 하나님

성전을 넓혀주시다

2,000명 초청 주일

몸에 이상을 느끼다

약함에서 나오는 주의 능력

다시 무릎으로

성령의 불이 떨어지다

기도원 부지를 주시다

첫 번째 성전 건축 후 연약한 육체가 회복되다

아내가 갑상선암에 걸리다

제1차 천국 목회자·사모 세미나

두 번째 성전 건축

해외 선교와 성전 건축

나와 내 가정에 주신 복

5장 1,000일 작정기도회를 시작하다

제1차 1,000일 작정기도회

신혼여행을 갔다 온 후에 부천시에서 한참 떨어진 원종동 변두리에 신접살림을 차렸다. 시멘트 벽돌로 벽을 쌓고 슬레이트로 지붕을 덮은 집의 방 한 칸이 우리를 위해 준비된 신혼의 보금자리였다. 조금은 생소하고 허술한 방이긴 했지만, 산 속 동굴에서 기이하게 살았던 내게는 호텔보다 더 넓고 좋아 보였다. 신혼살림을 시작할 때부터 지금까지 지켜오고 있는 게 하나 있다. 저녁 식사가 끝나면 아무리 시간이 늦어도 교회에 가서 부르짖어 기도했다. 5월 중순에 결혼한 우리는 그해 10월에 구로동으로 이사를 했다.

이사 간 그날 저녁부터 새로운 기도처를 찾던 중 동광교회가 보였다. 우리 부부는 침낭을 하나씩 가지고 가서 기도한 후 의자에서 잠을 잤다. 그런 일이 계속되니, 우리를 눈여겨보는 목사님과 성도님들의 시선이 느껴졌다. 도대체 나이도 젊은 사람들이 무슨 일이 있기에 밤마다 와서 기도하고 교회에서 잠을 자는지 몹시 궁금해 했다. 나는 새해를 며칠 앞두고 아내에게 제안을 했다.

"어차피 목회를 하려면 개척을 해야 하는데 우리는 돈도 없고 배경도 없으니, 개척을 위해 내년 1월 1일부터 1,000일 작정기도를 합시다."

결혼한 지 6개월밖에 안 된 아내에게 교회에서 철야 기도를 하자고 제안한 별종 남편이 바로 나였다. 40일이나 100일이 아니고 1,000일 동안 하자는 데, 선뜻 동의할 사람이 얼마나 있겠는가. 그런데 아내는 조금도 망설임 없이 "예" 하고 화답해 주었다. 아내와 살면서 미리 준비했던 기도의 힘이 얼마나 위대한가를 절실히 깨달았다. 산속 동굴에서 금식하며 결혼을 위해 기도했던 내용이 떠올랐다. 그 첫 번째가 나와 사명이 같은 사람을 만나게 해달라고 했다. 내가 기도하자고 할 때 반대하지 않고 같이 할 수 있는 사람을 원했는데, 하나님께서 정말 불평하지 않고 같이 기도할 수 있는 사람을 배필로 맞게 해주셨다.

1987년 1월 1일부터 구로동 동광교회에서 개척을 위한 첫 번째 1,000일 작정기도가 시작됐다. 어김없이 밤 12시경이 되면 둘 다 국방색 털바지 위에 옷을 두껍게 껴입고 침낭을 하나씩 들고 갔다. 교회 지하 본당에서 찬송하고 기도하다가 앞 뒤 의자에서 침낭을 이불 삼아 잠을 잤다. 밤이니 텅 빈 교회에 난로를 피울 리가 만무했다. 창문 틈새로 찬바람이 들어오니, 한기가 삼각산 동굴 속보다 훨씬 더했다. 날씨도 추운 데다 좁은 의자여서 바로 눕지도 못하고 모서리 잠을 자니, 불편해서 하룻밤에도 수없이 몸을 뒤척거렸다. 아내는 추위 때문인지 1층과 2층 사이에 있는 화장실을 7-8번이나 왔다 갔다 했다. 몸에 무리가 가는 줄은 알았지만, 오직 생명 바쳐 기도하고 개척을 준비한다는 각오로 기도를 쉬지 않았다. 물론 그때 일로 인해 나름대로 대가를 톡톡히 지불했다.

그즈음 아내가 임신을 해서 4개월쯤 됐을 때다. 제법 몸이 나고 얼굴이 좋아지더니 갑자기 배가 아프다고 했다. 산부인과에 갔더니 태아가 이미 잘못됐다고 했다. 산모가 너무 무리해서 뱃속에 자라던 아이가 견디지 못하고 생명을 잃었다는 것이다. 너무나 가슴이 아팠지만 기도를 멈출 수는 없었다. 그런 와중에 나는 충주에 있는 기도원에서 한 달 동안 금식을 했고, 아내는 내가 없는 동안 혼자 동광교회에서 사명을 위한 기도를 쌓아갔다.

그러나 아내의 몸은 약해져만 갔다. 1년에 5번 정도 자연유산이 됐고, 개척 1년 후인 91년도에 첫아기를 출산할 때까지 만 5년 동안 대략 25번의 자연유산이 이어졌다. 어려운 처지라 몸을 돌볼 여유도 없었지만, 오직 죽으면 죽으리라는 각오로 만 2년 9개월이 걸린 첫 번째 1,000일 작정기도가 완료됐다. 얼마나 많은 희생을 치르고 마무리한 기도던가. 우리 하나님은 기도를 그냥 받는 분이 아니셨다. 생명을 잃는 가슴 쓰라림과 무릎 뼈가 닳을 정도의 기도 훈련을 통과한 뒤에 받는 응답은 너무나 귀하고 값진 것이었다.

1,000일 작정기도를 할 동안, 타 교단 교회에서 교단과 교리 문제

로 조금 갈등하던 나를 평소에 기도하던 동광교회로 옮겨 교육전도사로 일하게 해 주셨다. 또한 맡은 교육부서의 부흥을 주셨고, 여름방학 때는 금식 기도를 하게 하셨다. 그러더니 누나와 같이 시골마을의 땅 182평을 사서 25평의 교회를 건축하도록 하셨다. 전도할 수 있는 전도단도 만들게 하셨다.

5장
1000일 작정기도회를 시작하다

개척 전도사가 되다

특히 작정기도가 끝나기 두어 달 전부터 하나님은 말 못할 감동을 주셨다. 기도하기 위해 무릎을 꿇으면 감사와 감격의 눈물이 흘러내렸고, 성령께서 감동 중에 나아갈 길을 인도해 주셨다.

'때가 됐으니 가라! 내가 다 하리라.'

두어 달 동안 매일 같은 응답으로 감동을 주셨다. 새벽 기도 자리에 앉으면, 입술 한 번 열지 못하고 울고 또 울다가 돌아왔다. 성령께서 기뻐하시며 똑같은 감동을 계속해서 주셨기 때문이다. 비록 사글세 보증금 400만 원밖에 없었지만 마음에 깊은 확신이 왔다.

'그래. 맨주먹으로 개척의 첫발을 내딛어 보자.'

동광교회 목사님께 사표를 제출했다. 목사님은 계속 일하기를 원하시며 사임을 반대하셨지만, 개척에 대한 확신 때문에 기어이 사임을 하고 첫 목회 장소를 찾아 나섰다. 아예 운동화를 한 켤레 사서 신고는 광명시 전체를 샅샅이 뒤지고 다녔다. 합정동 일대와 그 주변 동네를 돌아다니며 교회 건물을 찾았다. 10일 정도 돌아다녔지만, 돈 없는 내 형편에 맞는 건물은 없었다.

부천 일대를 돌다가 고강동에서 서울 신월동으로 넘어왔을 때다. 그때 아내가 이 동네에 혹시 건물이 있을지 모르니, 복덕방에 갔다 온다고 했다. 그렇게 혼자 가더니 교회를 할 건물이 있다는 것이다. 같이 가보았다. 신월 3동 시장 사거리 2층 건물 2층에 25평짜리 공간인데, 교회에 임대를 내놓으려고 페인트칠까지 마무리한 상태로 대기하고 있었다. 그 건물을 보고는 또 한 번 놀랐다. 개척 준비 기도를 할 때 시장 사거리 모서리 건물, 그것도 2층 건물의 2층을 교회로 달라고 했는데, 너무도 정확하게 시장 사거리 2층 건물 2층이었다.

자로 잰 듯 세심하고 정확하게 응답하신 하나님 앞에 또 한번 감사의 눈물을 흘렸다. 하나님은 정말 정확하게 들으시고 정확하게 응답하시는 분이심을 다시 한번 체험했다. 그래서 앞으로 교회 개척을 하게 될 경우, 또 다시 1,000일 작정기도회를 하리라 결심했다. 보증금 1,500만 원에 월세 17만 원짜리 건물이었다. 앞 뒤 생각할 것 없이 40만 원으로 계약서를 썼다. 그러나 그 다음이 문제였다. 우리가 살고 있던 방이 계약 기간이 되지 않아 보증금을 빼달라고 말하기가 난처했다. 다행히 사업하는 큰 교회 장로님이시라 통사정을 했더니, 중도금 치르는 날에 간신히 보증금 400만 원을 빼주셨다. 중도금을 치르고 나니 이젠 천만 원이 넘는 잔금 문제가 넘을 수 없는 험산 준령처럼 다가왔다. 아무리 생각해도 돈 천만 원이 나올 구멍은 없었다.

그래서 또 금식하며 하나님께 무릎을 꿇었다. 추운 날 또 금식했더니 체력이 바닥났다. 할 수 없이 주사를 맞으며 누운 상태로 기도했다. 주님만 아시는 눈물이 하염없이 흘러 내렸다. 그때 결심한 것이 있다.

'하나님이 잔금을 다 만드실 때까지 누구에게도 돈 없다는 말을 안 하리라.'

그렇게 작정하고 하나님만 쳐다봤다. 대학원 졸업반이던 그 무렵, 학교에만 가면 친구 전도사들이 돈이 마련됐냐고 수시로 물어봤다. 나는 그때마다 큰소리로 대답했다. 사실은 나에게 하는 자성 예언이기도 했다.

"하나님이 응답한 일이니까, 반드시 돈 주실 거야. 기다려 봐."

날짜가 점점 가까이 다가왔다. 이젠 학교 친구들 외에는 어느 누구 한 사람 돈이 어떻게 돼 가느냐고 묻는 사람이 없었다. 그렇지만 내 속은 바짝 타들어갔다. 현실적으로 돈이 오고 안 오는 것도 중요한 문제였지만, 만약에 돈이 준비되지 않음으로써 지금까지 기도하고 응답받았다는 말들이 전부 거짓말이 될까 봐 초조했다. 그래서 집에 가만히 있지를 못하고 트레이닝 복장에 운동화를 신고 동네를 뛰면서 돌기 시작했다. 나지막하게 답답한 가슴을 토해냈다.

"개척 승리, 개척 승리!"

잔금 치르는 날짜가 바로 눈앞에 왔을 때, 하나님이 일하셨다. 제일 먼저 결혼한 지 얼마 안 되는 남동생이 오십만 원을 가지고 와서 개척에 보태 쓰라고 했다. 고마움에 울면서 기도해 줬는데, 그때부터 줄줄이 도움의 손길이 이어졌다. 잔금 치르는 당일에 아슬아슬하게 맞춰지더니 잔금이 해결됐다. 우리 하나님은 상당히 역전승을 좋아하시는 분이다. 하나님은 응답을 주실 때 애간장을 다 태우게 하신다. 두 손 두 발 다 들고 하나님만 절대적으로 신뢰할 때 주신다. 그래서 주시는 분이 오직 하나님이심을 확신하게 하신다.

드디어 개척할 교회 장소가 준비됐다. 이제 공사를 하고 창립 예배를 준비해야 하는데, 또 돈이 없었다. 이번에도 입을 다물고 추운 교회 바닥에 드러누웠다. 체력이 떨어져 온몸이 떨렸다.

'이제 여기서 내 사명이 끝나는구나!'

하나님의 훈련은 철저하셨다. 육신은 금방이라도 쓰러질 것 같은데, 또 기도를 시키시더니 사람을 통해 공사할 물질을 공급하셨다. 칸막이 공사를 통해 25평 건물에 부엌과 계단과 화장실을 바깥으로 뺐고, 유아실과 사택이 만들어졌다. 유아실과 사택에 보일러를 깔 때는 아내와 둘이 시멘트와 모래를 사서 리어카로 운반한 후 2층으로 옮기고 기술자와 같이 공사를 했다. 그 외 성물 구입이나 여러 가지 준비에 들어가는 것은 외상으로 가져왔다.

5장. 1000일 작정기도회를 시작하다

교회 창립 예배

　1989년 12월 8일, 교회 창립 예배를 드리는 날이 됐다. 가슴이 벅차올라서 아침부터 속으로 울고 다녔다. 교회 안에는 의자가 없어 동광교회 강도상 장로님이 보내준 두루마리 은박지를 바닥 전체에 깔고 남이 쓰던 석유풍로를 가져다가 한 가운데 놓았다. 그렇게 예배를 드리는데도 그저 감사할 뿐이었다. 창립 예배를 마치고 국수를 끓여 손님 대접을 했다. 손님들이 다 돌아가고 난 후 헌금을 계수해 성물 대금과 공사 비용을 다 지출했다. 한 달 월세 17만 원을 주고 나니, 한 달 생활비 20만 원이 남았다. 하나님이 정확하게 맞춰 주신 물질이었다.

　그날 오후에 들르신 장모님의 간증에 또 감격했다. 당시 장모님은 강남에 있는 모 산부인과에 근무하셨다. 그 병원에 이미 두 아이를 유산하고 세 번째 아이도 유산할 기미가 보이는 어느 새댁이 입원하고 있었다. 그런 사정을 듣게 된 장모님은 산모가 안타까워 간절히 기도했는데, 산모의 하혈이 멈추고 안정을 찾았다.

　그 주에 우리 교회가 개척 예배를 준비하고 있었다. 어쩌다 보니 장모님이 그 산모에게 사위와 딸이 교회를 개척한다는 얘기를 나누게 됐다. 장모님이 예배에 오시려고 준비하는데, 산모가 장모님께 오더니 봉투 하나를 주더란다. 그 봉투를 헌금해 주셔서 예배 후 계수해 보니, 당시 돈으로 50만 원이 들어있었다. 그날 그 헌금이 없었더라면, 한 달 월세와 생활비가 모자랄 뻔했다. 우리에게 필요한 물질을 채우기 위해 움직이신 하나님의 손길이 또 다시 느껴졌다. 우리 부부에게 개척 교회를 이뤄주시고 영광을 받으신 하나님께 감사와 찬양을 올렸다.

교회 창립 예배를 마친 그날 저녁부터 은박지가 깔린 25평짜리 교회에 아내와 둘이 마주앉았다. 저녁 9시부터 찬송하고 합심 기도하고, 또 찬송하고 합심 기도하기를 반복하면서 2차 1,000일 작정 기도회를 시작했다. 비록 은박지가 깔려있긴 했지만 이렇게 넓은 공간에서 생활해 보기는 처음이라, 주님이 주신 천국 맨션이라고 생각하고 한없이 좋아했다. 그뿐인가. 밖에 나갔다가 조금 늦게 올 때면 십자가에 불 켜진 교회가 보였다. 교회 종탑을 바라보고는 너무 감격해서 눈물을 글썽거릴 때도 많았다. 맨주먹으로 개척해 본 사람이 아니면, 누가 그 기쁨과 감격을 알겠는가? 그때마다 다짐하고 또 다짐했기에, 지금까지 늘 교회를 지키는 목회를 하고 있다.

"주님! 그동안 훈련시키시고 1,000일 기도를 받으셔서 세워주신 교회입니다. 사명이 끝나는 순간까지 교회와 더불어 살겠습니다."

개척 후 이틀이 지나고 첫 주일을 맞이했다. 사람이라고는 강단에서 설교하는 나와 아내와 시골에서 잠시 올라오신 어머님뿐이었다. 다른 사람은커녕 우리에게는 아직 아기도 없으니, 오로지 주님만 의지하고 시작한 개척이었다. 그때나 지금이나 '오직 주님'을 '개척 멤버'로 생각하고 시작한 것이 가장 감사하고 잘한 일이라고 생각한다. 사람 의지하지 않고 주님만 바라봤더니, 주님이 개척에 필요한 물질을 공급해 주셨다. 개척할 때 오겠다는 성도를 본교회로 돌려보냈더니, 주님이 또 다른 영혼을 보내주셨다.

첫 주일 예배가 시작되고 15분쯤 지났을 때였다. 어린 아기를 업은 새댁이 교회로 들어왔다. 주님이 보내시는 첫 번째 영혼이라 생각하니 가슴이 뛰기 시작했다. 설교하던 내 가슴 바깥까지 심장 뛰는 소리가 쿵쿵하고 들리는 것 같았다. 그때를 기점으로 다음 주에도 그 다음 주에도 주님이 한두 명씩 믿는 자들을 보내기 시작하셨다. 10명, 20명, 30명, 40명, 50명, 60명…. 1년이 지나자 청장년이 60명, 중고등부 학생이 23명, 유초등부가 80명이 됐다.

그 좁은 교회에 주님이 163명의 영혼을 보내서서 예배 시간마다 자리가 꽉 찼다. 그리고 매일 밤 9시가 되면 학생 몇 명까지 합쳐 40여 명의 성도들이 모여 정말 뜨겁게 기도했다. 감사와 감격과 눈물이 어우러진 기도회였다.

그러나 부흥이 돼서 좋기는 하지만, 또 돈 문제가 찾아왔다. 15평도 채 안 되는 본당이 비좁아 사택이 빠져나가야만 했다. 아내와 나는 무릎 꿇는 쪽으로 해결책을 찾았다.

"주님! 사택이 나가야 되겠는데 돈이 없습니다."

그랬더니 또 주님의 손길이 움직이셨다. 멀리 사는 타 교회 여 집사님이었는데, 화장품 가게를 팔면서 권리금을 4,000만 원 받았다고 했다. 기도 중에 하나님이 우리 교회에 400만 원의 헌금을 하라는 감동을 주셨다는 것이다. 감사하게도 뜻밖의 사람을 통해 사택을 얻는 데 꼭 필요한 보증금을 마련했다. 즈님이 하시는 일은 정말 신기하고 놀라왔다. 사택이 나가고 그 자리에 장의자 6개를 더 놓았다. 그때부터 성가대석을 만들고 성가대를 조직해 예배 때마다 찬양을 드렸다.

5장 1,000일 작정기도회를 시작하다

고치시는 하나님

개척을 하고 1년쯤 됐을 때다. 양천구 신월 3동 시장 골목으로 전도를 나갔다. 죽 올라가다가 어느 이발소에 들어가게 됐다. 부부 이발사라 했다. 인사에 이어 나는 복음의 메시지를 전했다.

"예수님 믿으세요."
"예수가 어디 있어요?"
"예수님은 지옥 갈 우리 죄를 대신 지시고 십자가에 죽으셨습니다. 그리고 예수님은 부활하셨습니다. 그 예수님을 믿으면 천국 가십니다. 교회에 오시면 병도 낫습니다."
"그래요? 그러면 우리 딸을 고쳐주세요. 그러면 내가 교회에 나가지요."
"딸이 어디 아픈가요?"
"우리 딸이 아파서 수년 동안 병원에 다니는데 낫질 않아요. 점쟁이를 불러 부적을 써도 낫지 않고, 무당에게 굿을 해도 낫지 않아요. 하루 종일 벽을 기대고 앉아 눈을 지그시 감은 채 멍하니 지내요. 그 교회 앞이 우리 집이니, 우리 딸만 고쳐주면 교회에 나가겠습니다."

그날 저녁 9시 기도회가 끝나고 전도사님과 함께 아이가 아프다는 그 댁을 방문했다. 까만 얼굴의 아이는 중학교 2학년 정도 돼 보였다. 그 다음날부턴 나 혼자 갔다. 40일 동안 그 아이를 찾아가겠노라 작정기도를 했기 때문에, 나는 매일 그 집을 찾아갔다. 아이는 말도 안 하고 웃지도 않고 표정의 변화도 없었다. 다짜고짜 나는 상을 하나 펴놓고 찬송을 불렀다.

"예수 이름을 부르는 자는 구원을 얻으리로다."
"마귀들과 싸울지라 죄악 벗은 형제여."

혼자서 한 10분 정도 찬송을 하고 말씀을 전한 뒤 안수 기도를 했다. 그렇게 일주일 정도를 계속 찾아갔는데도, 아무런 반응이 없었다. 2주가 지나고 한 달이 됐다. 한 달 동안 똑같은 사람이 찾아오는데도, 오면 오는지 가면 가는지 전혀 미동이 없었다. 그러다가 30일째 되던 어느 날이었다. 집에 들어갔더니, 그 아이가 처음으로 일어나서 내 앞에 상을 폈다. 그리고는 인사를 한다.

"안녕하세요?"

얼굴을 보니 이전의 까만 얼굴빛은 어디도 사라지고 중학생의 청순한 얼굴로 변해 있었다. 35일째가 되던 날 교회에 일이 있어 내가 조금 지각을 했는데, 그날은 문 밖에까지 나와서 나를 기다리다가 문을 열어줬다. 나를 향해 인사하고 손을 내밀자 악수도 했다. 그러더니 상 위에 음료수를 갖다 주고 또 그대로 앉아 있었다. 며칠이 지나 드디어 40일이 됐다. 그 아이를 붙잡고 있던 귀신이 완전히 떠났다. 아이는 비로소 나와 찬송을 부르고 기도도 했다. 그리고 온 가족이 바로 교회에 나왔다. 하나님은 개척 교회에 여러 상황에 놓여 있는 사람들을 붙여주셨다.

고치시는 하나님의 능력은 쉬지 않고 이어졌다. 그 일이 있은 후의 어느 날이었다. 교회로 전화가 한 통 걸려왔다. 우리 교회 권사님인데 지금 발목을 다쳤다고 했다. 남편 차로 교회에 오면 함께 기도해드리겠다고 했다. 권사님은 깁스를 한 채 혼자 택시를 타고 오셨다. 그런데 스스로 포기하는 말을 내뱉고 있었다.

"목사님과 사모님이 기도해주신다고 해서 오긴 왔는데요. 지금 발목이 땡땡 부어서 꼼짝도 못해요. 아예 발을 디딜 수도 없는데, 기도한다고 다친 발목이 낫겠어요? 목사님께는 죄송하지만 저는 나을 거라는 확신이 없네요."

아내는 권사님의 하소연을 듣는 둥 마는 둥 하고 권사님의 발목에 손을 얹고 기도를 했다. 5분이 넘어 10분이 흘러갔다. 갑자기 권사님이 반색을 한다.

"사모님, 안 아픕니다. 다 나았습니다. 할렐루야 아멘."

그러더니 목발을 어깨에 턱 메고, 당당하게 두 발로 걸어서 집으로 돌아갔다.

한번은 사업을 하시던 안수집사님이 기계를 들다가 허리를 다치는 일이 발생했다. 허리와 목을 삐끗해서 아예 병원에 입원을 했다. 목 아래로는 전혀 몸을 쓸 수 없고 신경이 마비된 상태라고 했다. 나와 아내, 심방대원들이 병원에 가서 간절히 기도했다. 나는 머리에 손을 얹고, 아내는 가슴에 손을 얹었다.

"하나님, 성령의 능력과 불로 치료해주세요."

그렇게 한 5분이 지났을 때다. 안수집사님이 몸을 좌우로 막 뒤척이기 시작했다.

"아 뜨거. 뜨거. 뜨거."

성령의 불이 역사하니 몸의 신경이 살아났다. 나는 반색하며 말했다.

"안수집사님, 일어나세요."
"못 일어나요."

"지금 움직이셨잖아요. 일어나 봐요."

우리가 함께 일으켰더니, 상체를 움직여 앉았다.

"아래로 내려오세요."
"못 내려갑니다. 아이고, 아파요."
"지금 몸 다 움직이셨어요. 내려오세요."

그길로 안수집사님은 침대 아래로 내려왔다. 나는 안수집사님과 부인 권사님을 보았다.

"권사님, 남편 안수집사님과 팔짱 끼어 보세요."

권사님이 남편 팔짱을 끼자, 우리는 뒤에서 박수를 치며 찬송을 불렀다.

"나 같은 죄인 살리신 주 은혜 놀라워."

안수집사님은 사고가 난 지 이틀 만에 완전히 털고 일어나셨다. 하나님께서 기적적으로 치료해주셨다.

성전을 넓혀주시다

5장 1,000일 작정기도회를 시작하다

1992년 9월 9일부터 시작된 3차 1,000일 작정기도회는 새벽기도회, 낮 1시 기도회, 밤 9시 기도회로 하루에 3번씩 드리기로 했다. 이 과정에서 주님이 주시는 연단을 받기도 했다. 목회자의 뼈아픈 초보 연단을 가슴앓이까지 해가면서 간신히 통과했더니, 하나님이 성전을 넓혀주시는 작업을 하셨다.

아이 네 명을 데리고 교회에 출석하던 집사님은 처녀 시절에 혼자 건축 헌금을 작정했다며 오백만 원을 헌금으로 드렸다. 당시 우리 교회 규모에는 대단히 큰 헌금이었다. 그 일을 기점으로 부흥회를 하고 전 교인이 교회를 넓혀가기 위해 기쁨으로 헌금을 작정했다. 몇 십만 원부터 일이백만 원까지 작정이 이뤄졌다. 그러나 아직은 마음의 작정일 뿐, 당장 헌금으로 이어지진 않았다. 그래서 내가 직장 예배를 인도하고 있던 회사의 집사님을 통해 영등포 소재의 은행과 연결이 돼 신용보증으로 대출을 받았다. 이것이 가능했던 것은 이 일에 책임을 지겠다는 신용보증인이 두 사람이나 나타났기 때문이다. 그분들은 나와는 초면임에도 불구하고 하나님이 마음을 움직이셨는지, 우리가 받는 대출금에 대해서 자신이 책임을 다 지겠노라고 지점장을 설득했다. 누가 일 년 남짓밖에 안 된 교회에 담보 없이 신용대출을 해주며, 또 수천 만 원의 돈에 대해서 모든 책임을 지겠다고 하겠는가, 이 모두가 주님이 하셨기에 가능한 일이었다.

하루에 3번씩 예배드리는 우리의 기도를 기쁘게 받으신 하나님은 일마다 도움의 손길을 나타내 보이셨다. 이제 융자를 받게 됐으니 교회 건물을 얻어야 할 차례다. 한데 교회로 사용할 만한 넓은 장소가 없었다. 또 답답함이 몰려와 기도원에 가서 며칠간 금식을 했다. 이번에도 하나님이 꼭 이루신다는 감동을 주셨다. 기도원에서 내려와 집에 누워만 있을 게 아니라, 건물을 찾아 나서 보자는 생각이 들어 중개사를 찾아갔다. 마침 멀지 않은 곳에 2층 건물을 짓고 있는데, 주인이 불교 신자라고 하며 걱정을 했다. 그런데도 내 마음 속에는 믿음이 생겼다.

"믿음으로 가봅시다. 혹시 알아요? 줄지?"

현장으로 갔더니 대지 215평에 2층 건물을 짓는 중이었다. 건축 기둥이 서 있고 지붕도 덮여 있었다. 건축을 감독하고 있던 주인아주머니에게 단도직입으로 말했다.

"저는 목사입니다. 교회를 개척하려고 하는데 건물 1, 2층 모두 세를 놓지 않겠습니까?"

"교회요?"

잠시 망설이는 빛이 보이더니 의외의 대답을 했다.

"좋습니다. 교회로 드리지요."

하나님이 불교 신자의 마음을 움직이시니, 주인이 단번에 허락을 했다. 일단 구두 계약을 하고 저녁 기도회 때 나온 성도들을 다 데리고 건물을 구경시켰다. 온 성도가 좋아서 어쩔 줄을 몰라 했다. 우리 동네에서는 이런 넓은 땅과 건물을 구하려야 구할 수가 없는데, 하나님이 예비하시니 일이 수월하게 풀렸다. 우리가 기도한 대로 넓고 안성맞춤인 성전을 주셨다고 하면서 응답하신 하나님을 찬양했다.

성전을 옮기면서 한결같이 다 어려운 가운데서도 헌신을 했지만, 그 중에서도 목회자인 나를 오랫동안 울린 헌신자가 있었다. 시골에서 올라와 직장에 다니던 자매였다. 교회 가까운 곳에 보증금 340만 원짜리 사글셋방에서 살던 중 우리 교회가 이사하게 된 것이다. 어느 날 두 자매가 마음을 모았다며 340만 원을 다 빼서 헌금을 했다. 당시 그 돈이면 엄청난 액수다. 이제 갈 곳이 없던 두 자매는 교회 의자에서 잠을 자며 매일같이 청소와 봉사를 했다. 우리 하나님은 살아 계셔서 불꽃같은 눈으로 믿음의 봉사와 헌신을 보신다. 하나님은 그 자매들에게 눈에 보이는 표적을 주셨다. 그중 언니 자매는 그때 배우자 기도를 하고 있었다.

'교회를 옮기고 나서 첫 번째 등록하는 총각을 배우자로 보내주세요.'

기도한 대로 성전을 옮기고 나서 총각이 들어왔다. 그런데 초신자인 그 총각 성도가 당시 전도인의 직분으로 봉사하던 처녀 집사를 보고는, 애글복글하며 결혼하자고 떼를 썼다. 그러나 너무 큰 신앙의 차이 때문에 처음에는 아무도 그 청혼을 반기지 않았다. 나도 몇 달 지나면 잠잠해지겠지 했는데, 총각이 자기는 이 자매와 결혼하지 않으면 죽어버리겠다고 으름장을 놓으면서 쫓아다녔다. 그래서 나는 사무실에 이 처녀 총각을 몰래 불렀다. 그리고 둘의 의중을 떠보았다. 그런데 웬걸, 둘 다 싫은 표정이 아니었다. 총각은 신부가 결혼 비용이 없어도 상관없으니, 무조건 결혼만 하자고 했다. 그래서 나이 삼십 된 노처녀가 결혼 비용 한 푼 없이 신랑을 맞았다. 헌신하고 봉사하느라 단돈 만 원도 없는 것을 아시는 하나님이 총각으로 하여금 몽땅 책임을 지고 신부를 데려가게 하셨다.

또 동생 자매는 한 번도 피아노 학원에 다니거나 개인 교습을 한 적이 없는데, 피아노 반주자가 됐다. 개척 교회 당시 사람이 없을 때였다. 동생 자매가 혼자서 피아노 건반을 눌러 보곤 하더니, 어느 날 신들린 사람처럼 피아노 연주를 해냈다. 지난해 성전 건축 때 그 자매는 오르간을 할부로 헌물하더니, 혼자서 반주를 능수능란하게 하고 있었다. 뿐만 아니라, 그녀에게 하나님이 신실한 믿음의 배우자를 주셨다. 자녀 둘을 낳아 기를 때 한 달 월급 150만 원을 받아오면, 120만 원을 헌금으로 미리 떼어놓을 정도로 늘 눈물로써 감사하며 기쁨으로 봉사했다. 한 번은 그 자매의 남편 되는 30대 초반의 안수집사가 감사 반, 투정 반으로 하소연을 했다.

"한 달 생활비 20만 원으로 살다 보면, 종종 아기 우유 살 돈이 떨어질 때가 있어요. 아기 우유부터 사 먹이자고 해도 들어주지 않으니, 이건 너무하지 않나요?"

그 자매는 돈이 떨어져 우유 살돈이 없으면, 보리차를 끓여 주거나 맹물을 데워 먹인다고 했다. 그때마다 나는 웃으며 말했다.

"감사하십시오, 집사님! 누가 시켜서 그렇게 하겠어요, 하나님이 사랑하시고 축복하시려고 그런 은혜를 주신 거지요, 어디 한번 두고 보십시다."

우리 하나님은 남편으로 하여금 삼촌과 같이 사업을 하게 하시더니, 사장직을 갖게 하셨다. 지금은 회사가 성장해서 500여 평 땅에 공장이 있는 견실한 중소기업 사장이 되었다. 야간 대학도 다니고 교회 봉사에 헌신하는 일꾼으로 세우셨다. 처음 교회를 옮길 때 봉사했던 여러 남녀 청년들이 서로서로 짝을 이뤄 가정을 꾸렸다.

교회는 건물 계약 후 두 달 만에 잔금을 치르고는 교회 실정에 맞게 전기 공사를 했다. 1층에는 사무실과 사택 공사를 위해 칸막이를 하고 보일러를 깔았다. 막바지 작업을 할 때 돈이 400만 원 정도 모자랐다.

"주님, 교회 공사비가 400만 원 정도 모자랍니다. 도와주세요."

기도하고 있는데 정말 뜻밖의 사건이 벌어졌다. 내가 직장 예배를 인도했던 회사 사장 집사님의 부인이 갑자기 전화를 했다. 지금 돈 400만 원을 가지고 교회로 출발할 테니, 그리 알라는 것이다. 그 말을 듣는 순간 온몸에 전율이 왔다. 나의 작은 신음에도 응답하시며 너무나 세심하게 살피시고 도우시는 하나님의 일하심을 보았기 때문이다. 내 가슴은 떨리고 감격으로 가득 찼다. 속마음은 일초가 급했지만, 그래도 목사 체면이 있기에 여유 있게 말했다.

"집사님, 그렇게 급하게 서두르지 않으셔도 됩니다. 천천히 오십시오."

나는 그 집사님에게 어떻게 된 일인가 영문을 물었다.

"사업하시다가 부도 맞고 살던 집까지 남의 손에 넘어간 걸 아는데, 어디서 돈이 났으며 왜 갑자기 돈을 가지고 오신다고 합니까?"

"오늘 아침에 우리 회사가 거래하던 거래처에서 밀렸던 물품 대금을 보낸다고 연락이 왔어요. 이렇게 받은 대금을 어디에 먼저 써야 하나님께서 기뻐하실까 생각하고 있었는데, 마침 순복음신학교에 다니던 언니와 언니 친구들이 찾아왔어요. 같이 예배를 드리고 기도하는 중에 언니 친구 전도사님 중 한 사람이 방언을 하고 통변을 했는데, 동아교회에 400만 원이 필요하니 지금 즉시 가지고 가라는 말을 해서 전화했어요."

자기도 통변하는 그 말을 듣고 무척 놀랐다고 한다. 부도난 사람에게 갑자기 물품 대금이 들어온 것도 놀랍지만, 아무에게도 말하지 않고 나 혼자만 알고 있는 이 필요 금액을 하나님이 아시고 이분들을 통해 공급받게 하신 것이 그저 놀랍고 감사하기만 했다. 그날 필요한 돈 400만 원이 들어와 공사가 멋지게 마무리됐다.

우리의 기도에 늘 귀를 기울이시고 응답하시는 주님. 그 하나님을 내 인생의 주인으로 모시는 삶이 얼마나 든든하고 힘이 되는지를 고백하지 않을 수 없다. 교회를 이전하고 예배를 드리니, 마치 대궐같이 여겨졌다. 목회를 시작한 이후 처음으로 내게 사무실이 생겼다. 서재를 포함한 방 세 칸의 사택과 꿈에서도 소원했던 유아실이 강대상 정면에 생겼다. 너무 비좁아 통로를 다닐 때면 항상 사람끼리 부딪혀야만 했던 한 시절이 마감되니, 이젠 의자 중앙에도 넓은 통로가 생겼고 의자 좌우측 벽에도 사람이 다닐 통로가 생겼다. 더욱 감사한 것은 남여 화장실이 따로 있고, 바깥에 국수를 끓일 부엌과 화덕이 따로 있어 얼마나 편하고 좋은지 어깨춤을 추고 다녔다. 4년 넘게 15평도 안 되는 본당 교회에서 북적이며 지내던 성도들 또한 기쁨을 감추지 못했다. 마주하는 성도들의 얼굴엔 너나 할 것 없이 웃음꽃이 활짝 피었다.

성전을 옮긴 후에도 하루에 세 번씩 드리는 예배와 기도회는 하루도 거르지 않고 계속됐다. 이것이 1,000일 작정기도회의 능력이었다. 주님은 기도를 받으시고 정말 기적 같은 일을 또 이루셨다.

그런데 뜻하지 않은 어려움에 봉착했다. 교회를 옮기던 당시에는 교회의 한 달 헌금 총액이 평균 350만 원 정도였는데, 넓은 성전으로 옮긴 후 생활해 보니 한 달에 필요한 지출액이 800만 원 이상이 됐다. 월세 170만 원에 교역자 사례비, 공과금, 기타 비용이 생각 외로 많이 들었다. 1994년 8월 15일, 교회를 이전하고 어려운 재정 극복을 위해 간절히 기도했다. 4개월이 지난 1995년 1월 첫 주에 제직회를 열었는데, 한 달 헌금액이 1,200만 원이 넘었다. 4개월 만에 성도 숫자도 늘었다 해도 어디서 이런 헌금이 들어왔는지 우리로서는 이해할 길이 없었다. 오직 주님이 하셨기에 주님만 아실뿐이다.

그때부터 1년 예산을 1억으로 세우면 1억 5천만 원이 됐고, 1억 5천만 원을 세우면 2억이 되었다. 해마다 헌금이 늘고 또 늘었던 것이다. 그래도 저축은 생각지도 않았다. 오직 선교하고 구제하는 데다 썼다. 교회는 그 달 그 달 적절하게 운영했다. 그래서 우리 교회는 신년도 예산을 편성할 때 수입부 세부 사항에는 '믿습니다'라고만 적었고, 지출 예산은 필요하다고 생각하는 만큼 세세히 잡아 놨

다. 주님이 필요한 만큼 주실 것을 믿었기 때문이었다.

5장 1,000일 작정기도회를 시작하다

2,000명 초청 주일

첫 성전 건축을 하고 나서 교회와 하나님의 사랑을 알리기 위해 2,000명을 모시는 첫 초청 주일을 열기로 했다. 하루 전날인 토요일까지 우리는 동네를 다니며 초청 주일 전단지를 돌렸다. 주일 예배와 초청 주일 마무리 준비로 바쁜 토요일이었다. 그런데 오후 늦게 우리 교회에 등록한 집사님이 갑자기 자기 여동생을 데리고 왔다.

여동생은 결혼한 지 6, 7년이 지났는데 아직 아기가 없었다. 예쁜 얼굴에 비해 몸은 깡마르고 핼쑥해보였다. 수년간 전국의 유명한 병원을 순례하다시피 하며 건강 관리를 했음에도 불구하고, 병원에선 부부에게 아무런 문제가 없다는 말만 되풀이할 뿐이었다. 의학적으로 아무런 문제가 없는데 해결책이 없다면, 영적 문제일 확률이 높다. 나는 그 젊은 집사에게 손을 얹고 기도를 시작했다. 악한 귀신이 정체를 드러냈다.

"도대체 너 정체가 뭐냐!"

그랬더니 갑자기 귀신이 뜻밖에 말을 했다.

"나 귀머거리 귀신이다."

그래서 그 언니한테 물었다.

"혹시 집안 조상들 중에 귀 먹은 사람이 있었나요?"

그랬더니 언니가 놀랐다.

"저희 할머니가 젊어서부터 귀머거리였는데, 돌아가실 때까지 귀 먹은 상태로 살다가 세상을 떠났습니다."

추측컨대, 돌아가신 그 할머니에게 들어와 있던 귀신이 손녀한테 온 것 같았다. 내일이 2천 명을 초청하는 초청 주일이고 지금 11시가 다 됐으니, 나와 아내의 마음이 급했다. 아내와 나는 두 손을 환자에게 대고 전심으로 기도했다.

"예수 이름으로 명하노니, 이 더러운 귀신은 떠나갈지어다. 예수 이름으로 나가!"

그러자 그녀가 바닥에 누운 채로 토하기 시작했다. 큰 바가지를 갖다 주었더니, 10년 이상 썩은 젓갈 같은 냄새를 풍기며 속에 있던 것을 모두 토해냈다. 그때 귀신이 나간 것이다.

  1년 후에 그 집안 결혼식 초청을 받아 갔더니, 그때 기도를 받았던 우리 교회 집사님의 여동생이 아들을 안고 왔다. 그러더니 1년 후에 또 아들을 낳아 데리고 왔다. 귀신이 떠나고 아들 둘을 얻는 기적의 역사를 하나님이 허락하셨다. 그 비결은 좋은 병원과 능력 있는 의사가 아니라, 하나님을 찾았기 때문이다. 물론 필요하면 병원도 가고 의사도 만나고 약도 먹어야하지만, 여기 저기 분주하게 다녀도 안 된다면 그땐 알아차려야 한다. 그런 건 하나님이 고치셔야 할 병이고, 하나님이 영광 받으실 병이다.

> 너는 내게 부르짖으라 내가 네게 응답하겠고 네가 알지 못하는 크고 은밀한 일을 네게 보이리라 (예레미야 33:3)

5장

1,000일 작정기도회를 시작하다

몸에 이상을 느끼다

교회가 성장하고 물질이 채워져 감사할 때였다. 불현듯 내 몸에 이상한 증상이 자각됐다. 설교하러 강단에 서도 몸에 힘이 솟아나지 않고 발음이 잘 안 되기 시작했다. 해를 거듭할수록 혀는 힘이 없어지고, 발음이 불분명해졌다. 급기야는 입안이 마르고 타서 일주일에 5일은 밥을 맹물에 말아 먹어야만 했다. 그렇지 않으면 입안이 마르고 혀가 달라붙는 것 같았다. 그리고 식사 시간이 10분만 늦어도 온몸이 속에서부터 떨리기 시작했다. 추운 겨울에 얇은 옷을 입고 밖에 나간 것처럼 속이 떨려왔다.

몇 년 뒤에 정확히 알게 된 일이지만, 체력이 탈진돼 쓰러지기 직전이었다. 성대는 하도 고함을 많이 질러서 피가 났고, 목은 완전히 쉬는 단계를 한참 지나있었다. 이대목동병원 이비인후과에 갔다. 사진을 찍고 요리조리 보던 의사가 대뜸 묻는다.

"혹시 목사님이신가요?"

"네."

"목사님, 성대를 너무 많이 써서 성대가 갈라진데다 기관지 점막이 닳고 닳아서 종이쪽처럼 됐습니다. 앞으로 계속 목을 쓰면 완전히 말을 못하게 됩니다. 그리고 성대도 너무 약해져서 회복이 불가능합니다. 이미 언어 불능 상태가 왔습니다."

앞으로 말을 못한다는 의사의 진단은 목사에게 사형 선고보다 더 무서운 말이었다.

"보름치의 약을 처방해 드릴 테니, 지금부터 말을 하지 말고 이 약을 복용해 보세요. 호전될 확률이 조금도 없지만, 목사님이시니 기도하면서 드시면 혹시 기적이 일어날지도 모르죠. 만약 여기에 살이 붙을 기미라도 보이면, 그때 목에 대한 약을 다시 쓰겠습니다."

보름치 처방약을 들고 병원을 나왔지만, 나는 병원을 나서자마자 그 약을 쓰레기통에 집어 던져버렸다. 의사는 의사고, 하나님이 하시면 못할 일이 있겠는가! 그때부터 오기 섞인 마음으로 피나는 기도가 시작됐다. 이왕 망가진 발성 기관들이라면 아예 빨리 망가지고 다 터져라 싶었다. 말 못 하면 목회 그만둔다는 각오로 하루에 세 번씩 예배드리는 시간을 제외하고도 5시간씩 통성 기도를 했다. 하나님께 무언의 항의로 평소보다 더 크게 목이 터지도록 고함을 질렀다. 성대의 약함도 약함이었지만, 하나님께 대한 섭섭함이 온 가슴을 메웠다.

몸은 떨리고 입안은 풀을 바른 것처럼 마르고 타서 달라붙기 시작했다. 성대와 혀가 점점 힘을 잃고 발음이 제대로 되지 않았다. 그런 나날이 계속되니, 그동안 은혜 받고 함께했던 성도들이 설교 시간만 되면 고개를 숙이고 앞자리를 피했다. 새 신자가 와도 못 웃고, 사람이 많이 모인 데를 가면 사회를 보지도 못했다. 나중에는 대표 기도를 제대로 못할 정도까지 되니, 죽음보다 더한 수치감과 비통함이 밀려왔다. 급기야는 성도들을 대할 면목이 없어지면서, 하루에도 수십 번 수백 번씩 목회를 그만둘 생각을 했다. 꺾이고 꺾인 자존심은 바닥까지 내리쳐져 산산이 부서지고 있었다.

'하나님, 언제 그만둘까요? 이번 달까지만 할까요? 올해 말까지만 할까요?'

혼자서 아프고 쓰라린 가슴을 끌어안고 꼬박 6년을 남몰래 울고 또 울었다. 성대의 연단을 통해 하나님은 내 육신적인 자아를 철저히 부수는 작업을 진행하셨다. 결국 원망을 감사로 바꾸셨고, 살아 계신 하나님만을 철저히 의지하고 바라보게 하셨다. 교회는 축복하시되 개인적으로는 처절하리만큼 고통스러운 연단의 시간이었다. 하루에 세 번씩 기도회를 가졌던 3차 1,000일 작정기도회는 축복과 연단으로 마감됐다.

5장 1,000일 작정기도회를 시작하다

약함에서 나오는 주의 능력

제3차 작정기도회가 끝나고 4차를 시작할 때 특별 감사 예배를 드렸다. 아픔도 컸지만 감사도 컸기에, 아내와 나는 새로 시작하는 주일에 하나님께 소를 한 마리 드리자고 했다. 급하게 돈을 빌려 암소를 한 마리 사서 잔치를 했다. 첫 주는 구워서 먹고, 둘째 주는 머리 고기를 먹고, 셋째 주는 사골을 삶아 설렁탕을 해먹었다. 부위별로 8주에 걸쳐 풍성한 소고기 파티를 했다.

감사 예배를 드린 날부터 곧바로 하루에 3번씩 다시 1,000일 작정기도의 여정에 돌입했다. 남들이 들으면 너무 힘들지 않느냐고 묻지만, 목회자인 나는 물론이고 우리 성도들도 이미 두세 번씩 해본 이력이 붙어 거뜬히 시작했다. 동네 사람들이 우리 교회 교인들을 보고 이 동네에서 제일 바쁜 사람들이라고 했을 정도다. 새벽에도 성경책 들고 급히 다니고, 낮이면 어린애들을 업고 걸려 부지런히 다니고, 그것도 모자라 저녁을 먹고 나면 또 성경책을 들고 다니는 걸 보고 나온 말들이었다. 찬바람이 몰아치는 엄동설한에도 기도하는 이들이 모여들었고, 무더위에 땀으로 목욕해야 하는 여름에도 기도하는 성도들이 모여들었다. 하나님이 이끌어 가시는 동아교회 1,000일 작정기도회는 단 하루도 거르는 일 없이 진행됐다.

탈진과 언어 장애의 연단 중에 또 다른 육체의 고통이 찾아왔다. 강단에서 설교를 하면 허리가 마비돼 설교 후에는 움직일 수가 없었다. 하나님은 조금도 방심하거나 기도의 끈을 늦추지 못하게 하셨다. 하나님이 훈련하고 계심을 알면서도 하나님께 대한 섭섭한 마음이 들었다. 하나님에 대한 무언의 하소연이 기도 속에 늘 포함돼 있었다.

그래서 4차 때도 역시 망가진 성대, 아예 더 망가져라고 고함에 고함을 질러대며 기도했다. 빨리 기적적으로 치료해 주시든지 아니면 목회자의 길을 빨리 그만두게 하시든지 하라고 하나님께 무모한 압력을 가했다. 그렇게 기도하다가 밤 11시 넘어 12시가 되면 저절로 힘이 빠져서 자연스럽게 기도의 목소리가 조용해졌다. 원망과 오기가 가라앉고 감사의 기도가 나올 때쯤 되면, 그제야 뜨거운 눈물이 흘러내렸다. 몇 달을 울고 났더니, 그렇게 아프던 허리가 차츰차츰 좋아지기 시작했다.

그러던 어느 주일, 11시 예배를 준비할 때였다. 설교 원고를 암기하고 있는데, 머릿속으로 그려왔던 성전 부지에 대한 감동이 왔다.

'성전 건축을 위해 땅을 예비할 테니, 작정 헌금을 하라.'

너무 기쁜 나머지 가슴이 뜨거워지고 눈물이 핑 돌았다.

"주님, 정말 땅을 예비해 주시렵니까?"

너무 중요한 일이라 몇 번이나 여쭈어 보고 또 여쭤 봐도 성령께서는 똑같은 감동을 주셨다. 사람의 생각이 아닌 분명 하나님이 주신 응답이었다. 그날 예배 때 하나님이 주신 감동을 이야기하고, 몇 주 더 기도한 다음 헌금을 작정하자고 했다.

내 목회의 특징 중 하나가 이것이다. 교회는 주님이 주신 본연의 사명인 복음 전파를 위해 기본을 충실히 감당하면서 끊임없이 기도해야 한다. 큰일들은 하나님이 움직이실 때까지는 잠잠히 기다리다가 하나님이 강권하시고 은혜 중에 이끄시면, 그때 전 교인과 더불어 의논하고 행동에 옮기는 것이다. 우리 교회 성도들도 목회자의 영적생활과 진심을 어느 정도 알기에 잘 따라주었다. 또 하나님은 감동을 주신대로 이뤄주셨다.

전 교우들이 성전 부지 구입 헌금을 작정했는데, 놀랍게도 5억 2천만 원이란 헌금이 작정됐다. 물질적으로 한 사람도 넉넉하거나 여유 있는 사람이 없었지만, 생명을 드리는 자세로 개인 적금 통장을 만들어 매달 헌금을 드리기 시작했다. 요단강을 건너기 위해서는 하나님의 지시대로 법궤를 맨 제사장들이 먼저 요단강에 발을 들여놓아야 한다. 이러한 믿음의 출발처럼 하나님이 성전 부지를 주셨으니, 성전 건축을 이뤄 주실 걸 믿고 그 소망 가운데 당찬 발걸음을 내디뎠다. 4차 1,000일 작정기도회는 성전 건축에 대한 꿈을 안고 밀알 되는 헌금을 준비하는 중에 마무리됐다.

5장 1,000일 작정기도회를 시작하다

다시 무릎으로

  1998년 3월 16일부터 시작된 5차 기도회 역시 새벽 예배와 낮 1시와 저녁 9시 기도회로 모여 하루에 3번씩 하늘 곳간에 기도를 착실히 쌓아갔다. 이번에는 마음 속에 작정하기를 내 목회 사역이 끝나는 날까지 아예 동아교회와 더불어 1,000일 작정기도회를 쉬지 않고 하나님께 드리기로 했다. 단독 목회를 통해 절감했지만 기도 없이는 내 자신을 지킬 수가 없었고, 기도 없이는 어려운 목회 사역을 감당할 힘도 없었다. 기도 없이는 하나님의 손길을 체험할 수 없었기에, 일평생 무릎으로 목회하고 무릎으로 살기를 다시 한번 결심했다.

  5차 기도회를 시작하면서 교회에 나오시는 노인들이 많아졌다. 65세 되신 할아버지 할머니들께 매달 효도비로 만 오천 원씩 드리기 시작했는데, 2년 정도 지나 건축을 시작할 때쯤엔 노인 등록수가 300명이 됐다. 건축하면서 물질적으로 힘들었지만 열심히 나오시는 노인들에게 매달 300만 원이 넘는 효도비를 중단하지 않고 섬겼다. 그리고 당시 40여 곳에 협력 선교를 했다. IMF 때에도 한 곳에

십만 원씩 총 사백만 원의 선교비를 보냈다. 개인별로 작정한 건축적립금 외에는 교회 재정을 선교비와 구제비와 효도비로 모두 지출했다. 교인 수에 비해 헌금액은 많은 편인데, 하나님께 저축하느라 재정은 항상 바닥을 보였다.

1998년 3월 16일에 시작된 5차 작정기도회가 5월로 접어들었을 때, 하나님은 생각지도 않던 땅 11,250평을 주셨다. 우리 교회 집사님이 15년 넘게 부동산 계통에서 일해 온 타 교회 어느 집사님과 친분이 있었다. 그 집사님은 같은 교회의 남선교회 한 분으로부터 국가 공매로 넘어온 땅을 소개받아 정말 싼값에 구매했다. 그 사실을 안 우리 교회 집사님이 그곳을 동아교회 기도원이나 수양관 부지로 팔도록 부탁했다. 그 집사님 주변에 더 큰 돈을 주고 산다는 사람이 있었지만, 그분은 우리 교회에 그 땅을 그대로 넘겨줬다. 그것도 본인이 구입한 금액에서 단 한 푼도 더 붙이지 않았다. 우리 교회에 부지를 판 본인에게는 축복의 사건이 됐고, 우리 교회로서도 하나님이 주신 기적이었다.

1만 평 넘는 땅을 주신 것에 대한 감사 기도를 하는데, 이번에는 내 건강 문제에 대한 응답 욕심이 생겼다.

"이왕에 땅을 주신 하나님, 기도원 부지만 주시면 어떻게 하라는 말입니까? 저에게 기도원 사역을 감당할 수 있는 영적인 능력도 덧입혀 주십시오."

그동안 약한 기관지와 성대 때문에 고생하면서 혼자 내린 결론은 이것이었다.

'내 건강을 회복할 수 있는 길은 하나님이 내게 성령의 강한 불을 주셔서 기적적으로 고침 받는 길뿐이야.'

기도원에 가면 기도원 원장님으로부터 하나님께 받은 능력이 손을 통해 나간다는 말을 들을 때마다 나도 받고 싶다는 욕심이 있었다. 또 건강 회복을 위해 강력한 불을 달라고 기도해왔다. 우스운 이야기지만 기도해도 불을 받지 못하니, 혼자서 문을 걸어 잠그고 머리 말리는 드라이기 열기로 목과 가슴과 배를 뜨겁게 달구기도 했다. 하나님이 영적인 불을 강하게 안 주시면, 육신의 불이라도 불어넣어 온몸을 불덩어리로 만들겠다는 막무가내식의 오기였다. 지금 고백하지만, 남몰래 그렇게 한 지가 사실 몇 년이나 됐다. 하도 답답하고 탈출구가 없으니, 그렇게라도 오기를 부려야만 될 것 같았다. 다 보고 듣고 아시는 우리 하나님은 그렇게도 소원하던 성령의 강한 은혜를 부어주셨다.

5장 1,000일 작정기도회를 시작하다

성령의 불이 떨어지다

어느 날 새벽 기도가 끝나고 교회 옆에 있는 사택으로 가는데, 이상한 상황이 벌어졌다. 우리 교회 집사님 아들이 있었다. 평소에도 종종 심한 고통을 겪고 학교를 못 가는 일이 발생할 만큼 장염이 심각했다. 그날도 아침에 진통이 심해지자, 어머니가 아이를 데리고 사택을 찾아와 기도를 요청했다. 아내도 급히 일어나 함께 기도하던 참이었다.

"예수님, 고쳐주세요! 성령님, 고쳐주세요."

마침 그 자리에 도착한 나는 그 아이의 몸에 안수를 했다. 그러자 그 학생이 갑자기 뜨겁다며 신발을 신은 채 부엌 마룻바닥에서 뒹굴었다. 주님이 이미 역사한 터라 곁에 가서 몸에 손을 대기만 했는데도 뜨겁다며 더 심하게 뒹굴었다. 나도 놀라 속으로 이게 무슨 일인가 싶었다. 얼마 후 진정이 되더니, 그렇게도 아프던 장염이 깨끗하게 치유됐다는 고백을 했다. 그날 아내와 나는 마음을 하나로 모았다.

"오늘은 특별한 역사가 있는 날이니, 낮 기도회와 저녁 기도회 때 오는 성도들에게 전부 손을 얹고 기도합시다."

낮 기도회 설교가 끝난 후 한 사람씩 앞으로 나오라고 해서 안수 기도를 시작했다. 그러자 기도 받는 성도들마다 강한 성령의 불이 임하며 뜨겁다고 데굴데굴 구르기 시작했다. 두 시간 정도는 보통이고 어떤 사람은 아예 밤을 새우기도 했다. 더불어 성도들에게 방언의 은사가 임하고 영안이 열리며 치유의 역사가 나타나기 시작했다.

부흥회 준비 기도를 하고 있었는데, 최상의 부흥회를 미리 하게 된 셈이다. 매일 안수 기도회를 하니, 기도회 시간과 공적 예배 시간마다 기도하러 나온 사람들은 얼추 다 안수 기도를 받은 것 같았다. 교회가 불을 땐 가마솥만큼이나 뜨거웠고, 은혜의 강물에 잠겨 만족함과 기쁨으로 가득 찼다. 성령의 강한 역사를 체험하면서 새삼스럽게 깨달은 것이 있다. 교회는 반드시 말씀과 성령의 은혜의 균형을 이뤄야 한다는 것이다.

6개월 정도 지나면서 안수 기도 사역은 서서히 멈추고 평범한 기도회로 다시 돌아갔다. 설교하고 찬송하고 각자 자유롭게 기도하도록 했다. 하나님은 교회마다 독특한 사명을 주셔서 각자의 특성대로 사명을 감당하게 하신다. 어떤 사역에 집중하든 올바른 예배와 열심 있는 기도를 우선하고, 전도와 구제와 선교에 초점을 맞춰 노력하면, 그게 가장 아름다운 교회의 모습이다.

5장

1,000일 작정기도회를 시작하다

기도원
부지를
주시다

    1999년 12월 초, 교육관이 필요해서 1층에 있던 사택이 나가고 1층을 교육관과 식당으로 쓰기로 했다. 집사님들과 함께 사택을 얻으려고 여기 저기 돌아다녔으나 적당한 집이 없었다. 돌아오던 길에 교회 바로 옆 빌라 2층집이 매매로 나온 걸 알게 됐다. 바로 교회 옆에 있는 집이라 이사하는 일도 간단하고, 교회 출입에도 최적의 조건이었다. 며칠 만에 사택이 마련됐다. 하나님이 예비하신 장막이었다.

    5차 기도회를 시작한 지 채 1년도 안 됐는데, 하나님은 기도원 부지와 축구 공만한 불덩어리와 사택까지 주셨다. 기도한 보람은 물론이고 일하시는 주님의 손길을 바라보는 재미가 보통이 아니었다. 기도할 때는 지치고 힘들었지만, 하나님의 역사가 나타날 때면 힘들었던 날들이 오히려 자랑거리가 됐고 주옥같은 간증거리가 됐다.

    사택을 구입한 후 10개월이 지난 1999년 10월, 신실하신 하나님은 약속하신 대로 성전 부지를 주셨다. 나 혼자 생각했던 것보다 훨씬 빠르고 정확하게 주셨다.

당시 내가 속한 모임 중 돌아가면서 개 교회에 모여 기도회를 갖는 목회자 부부 모임이 있었다. 원래는 지방에 있는 다른 교회에서 모이는 순서였는데, 사정이 생겨 우리 교회로 변경됐다. 저녁 식사를 마친 후 서로 중보 기도를 할 때, 나는 성전 부지를 기도 제목으로 내놓았다. 하나님이 환상 중에 네모반듯한 우리 교회 성전 부지와 위치를 보여주셨다. 혹시나 해서 기도 제목으로 말했더니, 정말 예상치 못했던 응답이 주어진 것이다. 만약 그날 모임을 예정대로 지방에서 가졌다면, 우리 부부가 참석치 못했을 상황이고 이 응답도 놓칠 뻔 했다. 하나님의 섭리가 얼마나 세밀하신지, 장소를 바꾸고 순번을 바꿔 성전 부지를 구입하도록 인도하셨다.

이틀 뒤 재정부 헌금 계수 시간에 기도 응답을 얘기했더니, 재정부 집사님이 당장 가보자고 했다. 집사님과 둘이 공인중개사에 의논했더니, 놀라운 대답이 돌아왔다.

"두 곳이 나와 있어요. 한 곳은 넓은 일반 가정 주택이고, 또 한 곳은 어느 교회 땅이랍니다. 있던 건물을 헐어내고 정지 작업까지 마쳤다 하네요. 주민들한테 주차장으로 사용하도록 한 182평의 빈 땅이 있습니다."

'하나님이 가르쳐 주신 땅이 혹시 이 땅일까?'

두근거리는 가슴을 가라앉히고 먼저 가정주택을 본 다음, 182평의 빈 땅을 봤는데, 네모반듯하고 정지 작업까지 다 완료된 땅이라 건물만 올리면 될 것 같았다. 그 다음날 당장 서류를 떼어 확인해 봤더니, 건축에도 아무런 하자가 없는 땅이었다. 땅에 대한 서류를 들고 혼자 강단으로 올라가서 휘장 밑에 무릎을 꿇고 서류를 탁자 위에 올려놓았다.

"하나님, 이 땅이 우리 교회에 주신 땅입니까?"

기도의 입을 열자 말자, 성령께서 기다렸다는 듯이 감동을 주셨다. 내 입에서 통곡의 울음이 터져 나왔다. 하나님은 그 땅이 동아교회 성전 부지로 준비한 땅이라는 감동을 거듭 확인시켜 주셨다. 30분이 넘도록 감사와 감격에 잠겨 강단 벽에 걸려 있는 십자가만 바라보았다. 드디어 하나님이 성전 건축을 하시려나 보다 생각하니, 그저 감사하고 가슴이 벅차올랐다.

주일에 제직회로 모여 그 땅을 매입하기로 만장일치 결의를 한 후 바로 계약을 했다. 알고 봤더니 땅을 소유했던 교회는 5년 전 이 땅을 매입할 때 제 값을 다주고 샀는데, IMF 여파로 우리에게 팔 때는 2억 이상의 손해를 봤다. 당시 우리 교회가 가진 돈의 전부였던 5,000만 원으로 땅 계약을 하고, 중도금과 잔금 지불 기간을 정해놓았다. 그리고 기도하며 중도금을 준비해 나갔다. 당시 계약금 외에 단 한 푼도 없던 처지라 또 다시 암담했다.

전 교우들이 새벽 예배가 끝난 아침 7시부터 저녁 11시가 넘도록 시간마다 두세 명씩 릴레이 기도를 했다. 또 매일같이 한두 명씩 금식 기도를 진행해 나갔다. 전 교우들이 생명을 걸고 금식과 기도에 매달렸다. 우리 하나님은 눈에 보이는 성전 건축에 앞서 보이지 않는 우리의 마음 성전을 먼저 건축하셨다. 기도의 분량을 채우고 믿음의 분량을 키워가니, 주님의 몸 된 교회에 대한 사랑과 애착이 커져갔다. 곧 성도들의 눈물겨운 헌금이 시작됐다.

전세방을 빼드리고, 홀어머니가 맡겨둔 돈을 건축 헌금으로 남몰래 드리고, 시골에서 오신 할머니 집사님이 평생 시골집에 숨겨둔 금반지와 목걸이를 헌금했다. 팔순이 다돼 허리가 완전히 구부러진 할머니 집사님은 밤 11시가 넘으면 동네를 다니며 폐지를 주워 모아 판돈을 내 손에 꼭 쥐어 주셨다. 그때 하신 말씀이 지금도 잊히지 않는다.

"저는 그동안 이미 건축이 끝난 큰 교회만 다녔어요. 그래서 평생 소원이 성전 건축에 참여해 보는 것이었어요."

한 달이 멀다하고 10만 원씩 내 손에 건축 헌금으로 쥐어 주셨다. 단순한 헌금이 아니라, 눈물 없이는 받을 수 없는 천국의 보화 그 자체였다. 그 헌금을 가지고 강단에 올라가서 무릎을 꿇으면, 감사의 눈물이 내 얼굴을 타고 무릎으로 뚝뚝 떨어졌다. 하나님이 어떤 헌금을 기쁘게 받으시는가를 다시 한번 절감했다. 정말 믿음으로 드리는 헌금, 사명감을 가지고 드리는 헌금을 우리 하나님은 기쁘게 받으셨다. 또 청년들 대부분은 결혼을 위해 저축한 돈을 아낌없이 건축 헌금으로 드리고, 그것으로도 부족해 빌려서까지 드렸다.

　중도금을 치르기 바로 이틀을 앞둔 토요일이었다. 그때까지 들어온 헌금과 주일에 개인이 드린다는 헌금까지 합쳐 보았더니, 그래도 1,200만 원이 부족했다. 아무리 계산을 해봐도 주일까지 이 액수가 채워질 것 같지 않았다. 중도금 날짜를 어기면 계약금도 땅 매입도 다 헛것이 돼버리기에, 또 하나님께 엎드렸다.

"하나님, 부족한 1,200만 원이 채워지는 기적을 주옵소서. 내일까지 채워지는 기적을 동아교회 전 교우들이 보게 해주소서."

　토요일 저녁부터 강단에 엎드려 밤이 깊도록 주님의 도움을 구했다. 드디어 주일 예배가 끝나고 헌금위원들이 헌금을 계수할 때였다. 가슴이 조여 왔다. 저 헌금 속에 하나님의 기적이 없으면, 내일 치러야 할 중도금 약속이 펑크 나기 때문이었다. 헌금 계수가 완료되고 집계를 내 보았더니, 이게 웬일인가. 생각지도 않았던 헌금들이 들어와서 1,200만 원이 채워지고도 100여만 원 가까운 돈이 남았다. 나와 재정부원들은 한참동안 박수를 치며 할렐루야를 외쳤다. 우리의 모든 걸 다 아시는 하나님, 부족함을 채우시는 하나님을 다시 한번 두 눈으로 보았고, 손으로 만진 바가 됐다.

5장 1,000일 작정기도회를 시작하다

첫 번째 성전 건축 후 연약한 육체가 회복되다

처음 계약을 한 후 한 푼도 없는 가운데서 기적 같은 주님의 은혜로 중도금을 치르고 이제 잔금은 땅을 담보로 은행에서 대출을 받는 일만 남았다. 그러나 우리 교회에는 은행 직원도 없고, 금융계에 근무하는 사람도 없었다. 그래서 처음 교회를 옮길 때 도움을 줬던 어느 장로님을 생각하고 전화를 했다. 그랬더니 등촌동 지점에서 해보고 안 되면 자신이 근무하는 인천으로 오라고 했다. 등촌동으로 연락했더니 지점장이 힘들다고 했다. 재정부 집사님과 차를 타고 급하게 인천으로 갔다. 그런데 막상 그 장로님과 대면은 했지만, 업무 차 출타준비 중이라 그런지 차가운 느낌을 받았다. 할 수 없이 그날은 그냥 돌아왔다.

그래도 아는 데가 그곳뿐이라, 월요일 오전에 다시 찾아갔다. 그런데 예전에 은행 대리로 있을 때와는 사뭇 달라진 모습이었다. 교회에서는 장로님이신데도 축하와 위로는커녕 나와 같이 간 집사님에게 야단 아닌 야단을 쳤다.

"교회가 크지도 않으면서 왜 기도원 부지로 큰 땅을 샀습니까. 절대로 대출은 안 되니 다시는 찾아오지 마세요."

그 말을 듣는 순간 번개처럼 영감이 스쳤다.

'하나님이 예비하신 사람이 아닌데, 우리 생각으로 사람 믿고 찾아왔다가 망신만 당하는구나.'

교회에 돌아와 교우들에게 기도 제목을 나눴다. 지푸라기라도 잡는 심정으로 농협, 축협, 일반 은행을 방문해 상담을 받았다. 그런데다 안 된다는 말만 되풀이됐다. 이제는 정말 우리 교회 건축을 위해 예비하신 은행과 지점장을 만나게 해 달라고 기도해야 했다. 그리고 연속 금식과 아침 7시부터 밤 11시가 넘도록 진행되는 릴레이 기도를 통해 철저하게 하나님만 의지했다. 온 성도들의 애절한 기도가 하나님 보좌를 향해 무섭게 올라갔다.

"하나님! 아는 사람 의지한 것 잘못했습니다. 아는 사람 보지 않고 오직 주님만 바라봅니다. 주님이 준비하신 사람과 은행을 속히 만나게 해 주소서!"

그렇게 부르짖어 기도하는 중에 우연히 나를 알고 있는 기도원 원장님을 만나게 되었다. 나는 지나가는 말로 물었다.

"원장님, 성전 부지 잔금 때문에 땅을 담보로 하고 몇 억 원을 급히 대출 받아야 하는데, 어디 아는 은행이나 지점장 없습니까?"

그랬더니 원장 옆에 있던 어느 집사님이 말을 받았다.

"대출이요? 대출할 곳이 있습니다. 걱정 마시고 제가 소개해 줄 테니 000님을 만나보세요."

알고 보니 기도원 원장님도 잘 아는 분이었다. 만나고 보니 하나님이 예비해두신 은행이요 통로였다. 그토록 깜깜하게 막혀 있던 물질의 통로가 이렇게 쉽게 해결될 줄은 정말 몰랐다. 주님만 의지하고 기도로써 문제를 풀어 나가는 것이 얼마나 재미있고 신바람 나는 일인지를 모두가 맛보기를 기도한다. 교인들은 한 문제 한 문제가 풀어지고 주님이 해결하심을 볼 때마다 환호성을 질렀고, 감사의 기도와 찬양을 드렸다.

드디어 잔금이 치러지고 일주일 안에 등기 이전 및 모든 서류가 완료되어 교회에 도착했다. 개척하고 10년 동안 기도해온 성전 부지가 오직 하나님의 은혜로 준비된 것이다. 가슴 벅찬 감격과 감사를 나의 좋으신 주님께 올려 드렸다.

땅이 준비되고도 교회의 기도는 계속됐다. 1999년 가을부터 성전 건축을 시작하여 입당 예배를 드릴 때까지 매일 한두 명의 금식 기도가 이어졌다. 또 새벽부터 밤 11시가 넘도록 시간마다 연결해 부르짖는 기도가 2,000년 8월까지 꼬박 10개월 동안 진행됐다.

힘에 부치도록 쌓아올린 전 교우의 기도로 땅 182평을 구입했기에, 성도들에게 또 건축 헌금을 하자는 말을 차마 할 수 없었다. 우선 기도만 하자고 했다. 마음 같아서야 당장에 땅을 파고 건축을 했으면 오죽이나 좋을까마는 한 푼도 저축한 게 없는 교회 재정인데다 성도들도 성전 구입으로 인해 어려운 줄 알기 때문이다. 그런데 빈 땅만 바라보고 한두 달 기도하던 집사님들 입에서 이구동성으로 건의가 나왔다.

"빈 땅만 보고 기도하니 재미가 하나도 없습니다. 빚을 내고 또 헌금을 해서라도 교회 건축을 합시다."

목사가 차마 못하고 있는 말을 하나님은 집사님들을 통해 말하게 하셨다. 세 들어 살던 교회 건물 보증금을 빼고 사택도 팔고 사채도 끌어왔다. 또 성도들의 헌금이 시작됐다. 그러나 성도들도 충분히 드리지 못하는 현실을 안타까워했다.

"목사님, 하나님이 돈만 주신다면 다 드리고 싶습니다. 돈이 없어 어떡하지요?"

"집사님! 말만 들어도 고맙습니다. 성전 건축은 반드시 하나님이 하시게 돼 있습니다. 기도만 하십시오."

드디어 건축업자가 정해지고 땅을 파기 위해 포클레인이 들어왔다. 예상은 했지만 주민들 중 몇몇 분들이 포클레인 앞부분을 끌어안고는 기초 작업을 못하게 했다. 아예 교회를 짓지 못한다며 소란을 피워 첫날은 흙 한번 파보지 못했다. 저녁에 동네 주민들과 만나겠다고 연락해 교회 집사님 대여섯 명이 현장으로 나갔다. 성전 부지 위에서 주민들 30여 명이 욕설을 하며 무조건 건축을 반대했다. 대화에 나갔던 집사님들도 화가 나서 할 테면 해보라고 말한 후 돌아왔다.

저녁 9시 기도회 시간에 어떻게 할 것인가를 의논했다. 모든 성도가 정면 돌파를 하기로 결정했다. 그리고 그 다음날 포클레인이 오는 시간에 맞춰 성도들이 현장에 나가 사람 벽을 만들었다. 포클레인이 작업하는 데 방해하는 사람들은 교인들이 몸으로 막았다. 주민들과 우리 성도들이 밀고 당기고 서로 언성을 높이고 있었다.

그때 화가 난 어떤 할아버지가 내게로 오더니, 내 멱살을 잡고 끌기 시작했다. 나는 그냥 하는 대로 내버려두었다. 그분은 내가 목사인 것도 모르고 계셨다. 몇 분 동안 끌고 다니기에 그냥 끌려 다녔더니, 교회 집사들이 할아버지를 간신히 말려 떨어지게 했다. 내가 저항하지 않은 덕에 몸싸움은 깨끗이 교회의 승리로 돌아갔다.

포클레인이 기초를 판 후 틈을 주지 않고 며칠 사이로 신속하게 철근 작업을 서둘렀다. 그 다음 중요한 작업이 시멘트를 갖다 붓는 레미콘 작업이었다. 시멘트 작업 때도 전과 마찬가지로 주민들이 거세게 항의했다. 마찬가지로 우리 교회 성도들이 똘똘 뭉쳐 레미콘 양옆과 앞에서 호위했다. 주민들이 들어오지 못하도록 몸으로 막아가며 시멘트 기초 작업도 마쳤다. 무작정 밀어붙이는 것이 한편으로는 미안했지만, 당시 정황으로서는 그렇게 하지 않으면 몇 달, 아니 몇 년 동안 지루한 설득 작업을 벌여야 할 것 같았다.

그 일 후에 들려오는 소문에 의하면, 크지도 작지도 않은 교회가 무섭게 단합이 잘된다는 말과 함께 함부로 건드릴 수 없는 저력 있는 교회라고 했다. 아무튼 우리 성도의 단합된 힘은 건축을 이루고야 말겠다는 강인한 의지로 나타났다. 중간 중간 주민들의 반대가 있었지만, 관할 구청의 중재와 쌍방 간의 협의로 큰 문제없이 성전 건축은 진행됐다. 당시 국회의원 선거철이라 공무원들의 눈치 보기 덕을 본 것도 있었다. 주민들에게는 건축 반대 시위하라고 허가해 주고, 동시에 우리에게는 합법적이니 빨리 교회를 건축하라고 했다.

어려운 중에서도 건축은 완공이 가까워졌고, 이제 본당과 교육관, 주방, 사택 등에 필요한 성물을 채우는 일만 남았다. 아무리 기도를 해도 이젠 더 이상 헌금할 사람도 여력도 없어 보였다. 그러나 은혜를 받은 성도들은 지치지도 않고 기꺼이 성물 구입에 동참했다. 본당에 그랜드 피아노와 전자오르간, 음향기기, 강대상과 성찬상이 차례로 들어왔다. 그리고 교육관, 사택, 주방까지 하나도 부족함이 없이 다 채워졌다. 성전은 주님의 몸이요 또 주님의 머리가 되시기에, 결국 주님이 일하시고 주님이 이루시는 현장임을 다시 한번 보여주셨다.

교회 본당에 깔린 바닥재 위에 왁스 작업을 했더니, 교회 본당이 넓은 운동장 같았다. 어른들과 어린아이들 할 것 없이 신발을 벗고 들어와서는 마냥 좋아 뒹굴고 뛰고 하며 성전 건축의 기쁨을 다 같이 누렸다.

무더운 8월, 교회 이사를 하고 입당 예배 준비를 완료했다. 노회 목사님들과 손님들을 모시고 교회가 꽉 찬 가운데서 예배를 드렸다. 며칠이 지난 후에 노회로부터 가을 정기노회를 우리 교회에서 개최하자고 했고, 이것이 수고한 성도들에게 또 하나의 선물이 됐음을 느꼈다.

성전 건축을 마친 뒤 나는 또 하나의 기도에 집중했다. 15년 이상을 가슴에 품고 기도해오던 한국 교회와 목회자를 깨우는 사역에 대해 주님께 구체적으로 기도하기 시작했다.

"주님, 제 건강을 조금이라도 회복시켜 주시고 탈진으로 찾아온 언어 장애를 조금이라도 극복하게 해주세요."

그렇게 매달리던 중에 신기한 일이 일어났다. 교회 입당 예배를 드리고 한두 달 지났을 때였다. 몸에 탈진 현상이 사라졌음을 알았다. 나는 기뻐서 어찌할 줄을 몰랐다. 식사할 때를 단 1분이라도 넘기면 몸속에서부터 시작해 몸 전체가 떨려오는 현상도 깨끗이 사라졌다.

5장 1,000일 작정기도회를 시작하다

아내가 갑상선암에 걸리다

아내가 건강 검진을 받았는데, 목에서 갑상선암이 발견됐다. 1cm짜리가 나란히 2개 있다고 했다. 악성이라 수술밖에 방법이 없다고 했다. 특별히 소개를 받아 강북 삼성병원에 갔다. 다행히도 수술 날짜를 바로잡아줬다. 그런데 왠지 내 마음이 심란했다.

'하나님, 제 아내는 너무나 든든한 저의 동역자입니다. 기도하고 심방하고 일이 많은데, 수술하면 5년 동안은 아무 일도 못할 것 같습니다. 이거 수술해야 됩니까?'

당연히 수술은 해야 한다. 고생을 많이 한 아내다. 그러나 아내와 내가 좀 별난 사람이 아닌가. 나는 계속 하나님께 여쭸다.

'수술을 할까요? 말까요?'

하라 마라 주님의 응답은 없었다. 나는 아내의 손을 잡았다.

"그냥 가자."

그리고는 아내를 끌고 나와 버렸다. 하나님의 응답도 없는데 왜 아픈 사람을 멋대로 데리고 나왔냐고 묻는다면, 사실 나도 모른다. 그러나 수술을 하면 안 될 것 같아서 아내에게 말했다.

"여보, 가자. 우리 기도합시다. 이렇게 우리가 많은 기적을 봤는데, 이번에도 하나님 믿고 기도합시다."

아내도 별 말 없이 따라 나왔다. 집으로 돌아온 후 아내는 보상금으로 나온 200만 원을 모두 개척 교회에 헌금했다. 처음 얼마간은 은근히 신경이 쓰여 간혹 아내에게 묻기는 했다.

"당신, 아픈 데는 어때?"

아내도 딱히 별 말 없었고, 이후엔 나도 물어본 적이 없다. 그리고 5년이 지났다. 당시 결혼한 우리 딸들이 출산을 하러 다니는 병원이 아내가 암을 진단받은 곳 근처였다. 딸들을 챙기러 우리 부부가 동행할 일이 있었는데, 시간이 좀 남았다. 그래서 겸사겸사 아내가 갑상선암을 진단받은 병원에 가서 다시 검사를 하고 의사 앞에 앉았다.

"진단 받으신 지가 5년 전이네요. 그런데 5년 동안 한 번도 진료도 안 받고 약도 안 먹었다고요? 아니 이게 무슨 일입니까. 어떻게 암 발병 환자가 이렇게 대책이 없으십니까?"

검사 결과가 나오기도 전에 다짜고짜 의사는 아내를 혼냈다. 무색해서 가만히 앉아 있는데, 조금 있다가 다시 사진을 들고 왔다.

"분명히 그때 피검사와 조직 검사에서 모두 암이 발견되었는데. 또 사진상으로도 1cm짜리 두 개가 암이었는데…."

의사는 뒷말을 잇지 못했다. 암세포가 그냥 녹아버리고 흔적만 남긴 채 사라져 버린 것이다. 이렇게 아내는 5년 만에 그냥 '암 없음'으로 끝났다. 하나님이 그렇게 역사를 해주셨다. 몸이 많이 회복된 걸 알고 아내는 다시 힘을 얻어 기쁨 중에 더 기도에 힘을 쏟았다.

제1차 전국 목회자·사모 세미나

5장 1,000일 작정기도회를 시작하다

성령께서 한국 교회와 목회자를 위해 통곡하며 기도하게 하셨다. 그리고 확신을 주셔서 1,000일 작정기도회 세미나를 개최하기로 결심했다.

2001년 새해가 밝았다. 제1차 전국 목회자·사모 세미나를 2월 20일 화요일에 갖기로 했다. 국민일보와 기독교 방송을 통해 홍보하고 우리 성도들이 한 사람씩 매일 금식 기도를 했다. 그리고 한 주간은 새벽 예배가 끝난 시간부터 밤 11시까지 연속해서 부르짖고 또 부르짖었다.

드디어 세미나 당일을 맞이했다. 그런데 아침부터 가슴이 두근거리고 부담감이 밀려왔다. 봉사부원들과 같이 오전 9시에 모여 부르짖고 준비 기도를 했음에도 불구하고, 가슴이 답답하고 부담스럽기만 했다. 왜 이런 일을 벌였나 하며 마음이 불편해서 개회 10분 전에 강단에 올라가 또 기도했다.

'주님, 저는 본래 말재주가 없고 낯선 사람 앞에서는 더더구나 말을 제대로 못하는 사람인 것을 아시지 않습니까? 이번이 제1차이니 한 50명만 보내주십시오. 아니 50명도 부담됩니다. 한 30명만 보내주십시오.'

시간이 돼서 아래 강단에 내려서니 목사님과 사모님들이 생각보다 많이 참석했다. 집계 결과 94명이었다. 처음으로 전국 초교파 목사님과 사모님들 앞에서 입을 여는데, 성령께서 아주 강력하게 붙잡아 주셨다. 목에 힘이 차오르고 배에 힘이 들어가면서 언어가 풀려 큰 부담 없이 강의를 진행했다. 첫 시간 강의가 끝난 후 아는 목사님들이 강의를 듣다 울었다고 하시며 격려를 해주셨다.

그리고 목사님들 평생에 '교회 개척 멤버가 주님'이라는 말을 이번 세미나에서 처음 들었다고 했다. 가슴이 설레는 가운데 두 번째 강의가 90분 이상 계속되면서 1차부터 그때까지 주님이 하신 일들을 간증했다. 목사님들의 눈에서 눈물이 고이고 가슴 깊은 곳에서 터져 나오는 아멘 소리가 여기저기서 들려왔다.

강의가 끝나고 10여 분간 합심해서 기도하는데, 그 뜨거움은 말로 표현하기 어려울 정도였다. 그리고 1,000일 작정기도회를 시작하기로 작정한 신청서에 이름과 교회 주소를 쓰고 서약을 했다. 참석한 63교회 중 58교회가 한 달 안에 1,000일 작정기도를 하겠다고 작정서를 써서 제출했다. 92%의 결실을 맺었다. 1차 세미나를 마친 후 한 주간 동안 너무 기뻐 밥 생각도 없고 잠을 이루지 못할 정도였다. 가장 부족하고 입술이 둔한 자를 들어 한국 교회와 목회자를 깨우는 도구로 쓰시는 주님께 감사 외엔 다른 말이 필요치 않았다.

> 내가 나 된 것은 하나님의 은혜로 된 것이니 (고전 15:10)

하나님은 우리 교회에서 노인들을 위한 사역을 하게 하셨다. 구청에서 허가를 받아 관인노인대학을 개설했다. 또 교회 주변에 있는 거지촌을 전도하게 하셨다. 성도들과 직접 대면하고 접촉하기를 어려워하던 그들만의 예배가 필요해 오전 1부 예배가 생겼다. 어릴 때 거지들에게 축복 기도를 많이 받은 내가 목사가 되어 그들을 다시 섬기게 하시는 하나님의 은혜가 너무도 놀라웠다.

6차 작정기도회를 하는 동안 하나님은 우리 교회 안에 갖가지 치유의 기적을 일으키셨다. 유방암 3기 환자, 피부암 환자, 신경계 질환, 근육병, 담석증, 위장병, 장염 환자들이 즉석에서 고침을 받았다. 목발 없이는 한시도 걷지 못하던 사람이 짚고 왔던 목발을 들고 가는 역사가 일어나니, 기도회는 더욱 은혜가 넘쳤다.

7차 작정기도회 때는 주님이 무슨 일을 이루실까 정말 기대하는 마음이 들었다. 기도회 때는 교회에서 공식적으로 한 달에 두 번씩 치유 집회를 열었다. 사모와 치유 사역 팀을 통해 수많은 환자들이 고침을 받았다. 대부분의 깁스 환자들은 그 자리에서 깁스를 풀었다. 디스크 환자들이 바로 다음날부터 하루 종일 축구를 하고, 불임 여성들이 임신을 했다. 발목 인대가 끊어진 사람이 본당을 뛰면서 하나님께 영광을 돌렸다. 대학 병원에서 못 고친다는 불치의 병들이 나았고, 군대 마귀에 들려 고통 받았던 이들이 악령에서 해방됐다.

이런 현장들을 직접 겪는 사모님들은 주님이 하시는 일들을 목도하면서 감격하여 서로 끌어안고 울었다. 식사하러 오시는 사모님들의 눈은 충혈이 됐지만, 천사가 따로 없는 표정을 하고 있었다. 하나님은 당신이 사랑하시는 교회와 일꾼들을 통해 영광 받으실 일들을 친히 나타내셨다. 매주 수요일마다 아내가 인도하는 치유 은사 집회는 지금까지 큰 은혜 중에 진행 중이다. 그럴 때마다 병자가 고침 받고, 깨질 위기에 있는 가정이 회복됐다. 자녀 문제가 해결되고 사명이 회복되니, 각자가 섬기는 교회에서 아름답게 봉사하는 선순환이 이뤄지고 있다.

두 번째 성전 건축

5장 1,000일 작정기도회를 시작하다

성령께서 성전을 넓혀주신다는 감동을 뜨겁게 주셨다. 교회에 남아있던 재정이 없었던 터라, 수십억짜리 교회 매입 계약금을 만드는 일이 첫 번째 관문이었다. 그런데 결혼한 지도 얼마 안 되고 아직 신앙 연륜도 짧은 29세 집사님이 이천만 원을 가지고 와서 건축 헌금을 드렸다. 걱정이 돼서 물었더니 감동의 답변이 돌아왔다.

"내 집 장만할 때도 대출을 받아서 하는데, 하나님 교회를 사는데 빌려서라도 해야지요. 은행에서 대출받았습니다."

이 헌금이 성도들의 가슴을 뜨겁게 여는 시작이 됐다. 건축위원장을 맡아서 수고하던 안수집사님은 성전 부지 구입을 위해 그동안 준비했던 오천만 원을 드렸고, 생활이 어려운 성도들은 감사함으로 정성된 물질을 하나님께 드렸다. 그러나 6년 동안 성전 건축을 두 번이나 했던 교회인지라, 재정적인 압박이 몰려왔다. 대출 원금과 이자 갚으랴, 건축비 잔액 갚으랴 정신이 없었다. 하루 세 번의 기도는 항상 하는 것이지만, 매월 첫 주 목요일마다 진행되는 7시간 연속기도도 변함없이 계속됐다. 어려운 중에도 아프리카 말리에 교회를 세우기로 당회가 결의하고 건축 헌금을 보내기로 약속했다. 그런데 건축비 송금 하루 전날이었다. 9시 기도회 전에 하나님께서 내게 뜨거운 감동을 주셨다.

'하나님이 우리 동아교회에 물질을 주시겠구나.'

의자에 앉아 혼자 한참을 울었다. 저녁 9시 기도회를 마치고 11시 30분경에 서재로 왔는데, 휴대 전화에 평소 내가 존경하던 이옥희 권사님의 전화번호가 7개나 찍혀있었다. 나를 위해 늘 기도해주시는 권사님이기에, 전화를 드렸더니 날보고 내일 와서 돈 1억을 가지고 가라고 말씀하셨다. 어떻게 된 영문인지 연유를 물었다.

"제가 35년간 아무도 몰래 한 달에 몇 만원씩 저축을 했어요. 그 돈이 모이고 모여 1억 원 남짓 됐는데, 기도할 때 주님께서 음성을 주시고 환상으로도 보여주셨어요. 생명 같이 귀한 1억 원의 돈을 제가 다니는 교회가 아닌 강창훈 목사 개인에게 주라고 하시는 거예요."

그것도 한 번이 아니라 몇 번씩 강권하셔서 밤늦게 연락을 했다는 것이다. 그 다음날 오전에 권사님에게 가서 일억 원의 헌금을 건

네받아 전부 교회에 드렸다. 기도를 통해 어려운 고비를 넘게 하시는 기적의 역사가 일어난 것이다. 쉬지 않고 기도할 때 우리 하나님은 보고 듣고 알고 계시다가 항상 위기 때나 꼭 필요할 때마다 손을 내밀어 당신이 일하시고 있다는 사실을 현장을 통해 확인시켜 주셨다.

그런데 계약금이 준비돼 계약을 채결하려고 했더니, 그 사이에 다른 교회가 먼저 계약하는 일이 벌어졌다. 중직들이 다시 모여서 아예 새롭게 건축할 성전 부지를 알아보자고 했다. 그러다가 인터넷을 통해 83세였던 목사님이 29년 된 교회를 내놓으셨다. 목회를 마감해야 하는 연세가 됐기에, 좋은 교회가 흐임으로 와주면 좋겠다는 바람이 있으셨다고 했다. 이렇게 단 이틀 만에 29년 된 교회를 매입했다. 사람의 생각을 초월해서 일하시는 하나님이라는 말 외에는 다른 할 말이 없다. 기도 외엔 아무것도 준비된 것이 없었는데, 하나님께서는 하나님의 각본에 따라 차질 없이 교회를 건축하고 계셨다.

성도들이 마음과 뜻을 합해 기도하는 중에 두 번째 성전 건축이 완료됐다. 이번엔 바비큐 전문 회사에 주문해 통돼지 세 마리를 준비했다. 두 마리는 교인들 저녁 식사로, 한 마리는 교회 이웃 주민들과 나눴다. 교회 지을 때 소음을 내서 미안했고 밤낮을 안 가리고 기도하는 소리를 봐주신 마음이 감사했다.

특별히 9차가 진행될 때 성령 하나님의 인도하심을 따라 지역 순회 '기도·전도·성전 건축 운동본부'를 발족하게 됐다. 숭의감리교회

이호문 목사님과 꽃동산교회 김종준 목사님과 더불어 전국의 대도시를 순회하며 기도·전도·성전 건축의 역사를 불러일으키는 세미나를 진행했다. 전국의 많은 목사님과 사모님 그리고 평신도들이 참석해 다시금 기도의 무릎을 일으켜 세웠고, 저마다의 사명 점검과 함께 치유와 회복을 경험하는 시간이 됐다.

세미나 사역을 통해 현재까지 약 12,000여 교회가 1,000일 작정 기도회를 교회에 접목시키고 있다. 우리 부부와 동아교회 전 성도는 목회 42년이 되는 현재, 하루 3번씩 기도하는 1,000일 기도회를 이제 해외에도 전하고 있다. 또 2001년 하나님의 강권하심으로 시작된 '전국 초교파 목회자 세미나'가 올해로 26년째인데 87차까지 진행했다.

해외 선교와 교회 건축

5장 1,000일 작정기도회를 시작하다

하나님께서는 우리 교회에 선교 사역의 문 또한 활짝 열어 주셨다. 8차 작정기도회 시작과 동시에 중국 운남성에 70평의 교회를 세워드리는 감격의 역사가 있었다. 뒤이어 인도네시아 서티모르 섬 오지에 25개 교회를 건축하게 하셨다. 아프리카 스와질랜드에 두 개 교회를 건축하고 또 아프리카 우간다에 76개 교회를 건축하여, 현재까지 106개 교회를 건축하게 하셨다.

우리 교회가 국내외 선교에서 크게 쓰임을 받으면서, 최근엔 선교 비전을 다시 조정했다. 100교회 세우기 목표 달성에 이어, 300교회로 확대한 것이다. "동아교회 세계 비전: 300교회 세우기, 5만 영혼 구원"을 위해 온 성도가 기쁨으로 동참하고 있다.

사실 해외 선교에 집중하게 된 계기가 있었다. 어느 주일이었다. 넥타이를 매야 하는데, 팔이 아예 꼼짝을 하지 않는 것이다. 하루 종일 스케줄이 꽉 차 있는데, 신경이 마비됐는지 도무지 움직일 수가 없었다. 1부 예배를 간신히 드리고 2부 예배가 되기 전에 앉아 있었다.

"하나님, 지금 이래가지고 어디 설교나 하겠습니까? 하나님, 제가 뭘 할까요? 하나님이 원하시는 조건이 있으시면 말씀해주세요. 뭘 드릴까요? 뭘 원하세요?"

곧바로 하나님의 음성이 들렸다.

"내 종아, 때가 급하니 빨리 우간다에 교회를 건축해라."

사실 선교를 하다 보면 돈이 명확하게 계획되지 않는 경우가 많다. 처음에는 얼마라고 했다가, 나중에는 눈덩이처럼 불어나는 경험을 몇 차례 했다. 그래서 언제부턴가 내 마음에 해외 선교를 하고 싶지 않다는 생각이 굳혀지고 있었다. 그런데 하나님이 얼마나 급하시면 이렇게 직접 지시하시나 싶으니, 너무도 죄송했다.

사실 난민촌 같은 곳에 교회만 지어놓으면, 두어 달 만에 300명-500명이 도여들었다. 하나님의 때가 급하시다는 걸 선교 현장에서 직접 눈으로 보면 더 진하게 깨닫는다.

이때 중요한 건 무조건적인 후원이 아니다. 현지인들 스스로 자립하여 지속적으로 성장할 수 있도록 자립 목회의 당위성을 공유하고, 선교지의 환경적 특성에 맞는 자립 모델을 수립하는 것이다. 그런 뒤 후원에 집중해야 선교의 열매도, 현지 선교사들의 보람도 커진다.

5장 1,000일 작정기도회를 시작하다

나와 가정에 주신 복

하나님은 동아교회 개척 준비 기도부터 지금까지 42년 동안 14차까지 1,000일 작정기도회를 마칠 수 있게 인도해 주셨다. 그 시간들 속에서 동아교회 성도들과 담임인 내가 받은 은혜와 축복은 조금 과장되게 표현하여 '바다를 먹물 삼아도 다 쓸 수 없을 만큼' 크고도 깊었다. '초교파 전국 목회자 세미나'를 통해 국내외 교회로 전파시켜 주신 1,000일 작정기도회 실천 운동도 하나님의 멋진 작품이 아닐 수 없다.

42년의 세월 동안 중단 없이 진행해온 천일작정기도회는 올해 2025년 10월 초에 14차가 끝나고 15차가 시작된다. 더욱 감사한 것은 2001년 2월부터 시작된 전국 목회자 세미나가 25년째 87차까지 진행되었다는 점이다. 전국적으로 26,500여 교회가 참석했고, 그중에서 15,500여 교회가 우리 동아교회의 기도 운동을 도입하여 목회 현장에 적용하고 있다.

이 외에도 주님은 내게 또 다른 복된 짐을 지우셨다. 13차 작정기도회가 진행될 때, 언론 사역인 '월드미션신문사' 사장직을 허락하셨다. 사설도 쓰고 특별 기고도 하면서 한국 교회와 목회자들을 위해 봉사할 때 또 다른 보람을 느꼈다. 또 한국 교회 젊은이들을 위해 기도하고 봉사하라고 '한기총 상임위원회 청년대학부 부위원장' 직분을 주셔서 봉사하게 하셨다.

개인적으로는 두 딸을 결혼시키고 두 손주를 품에 안게 하셨다. 두 딸을 시집보냈더니, 남자 넷이 가족으로 들어온 것이다. 두 사위가 목회자이고, 딸들은 사모의 길을 걷고 있다. 두 손주들 역시 태어나기도 전에 목회자를 서원해 하나님의 종으로 드렸다. 이 모든 것이 사람의 계획과 노력으로 되는 것이 아니다. 언제나 우리의 연약함과 무지함을 인정하고 엎드려 기도할 때, 주님께서는 우리에게 좋은 길을 여시고 아름다운 사역자로 사용하시고 축복하신다. 그래서 모든 영광을 오직 삼위일체 하나님께만 올려 드린다.

제 2부

1,000일 작정기도회 실전 훈련

6장 ─ 1,000일 작정기도회 진행 방법

1,000일 날짜에 대한 성경적 근거

하루 3번 기도회의 성경적 근거

작정기도회의 준비와 시작 예배

작정기도회에 관한 7가지 유의 사항

기도회 진행 시 성령의 감동에 민감해야 한다

작정기도회 완료 감사 예배 드리는 방법

기도회를 인도하는 목회자의 건강 관리

1,000일 작정기도회를 계속할 때의 마음가짐

6장 작정기도회 진행 방법

1,000일 날짜에 대한 성경적 근거

> 이에 왕이 제사하려 기브온으로 가니 거기는 산당이 큼이라 솔로몬이 그 제단에 일천 번제를 드렸더니 (열왕기상 3:4)

솔로몬이 일천 번제를 드린 기브온 산당은 광야에서 모세가 건축한 성막이 있던 곳으로(역대하 1:3), 솔로몬은 그 성막에서 1,000마리의 짐승을 잡아 하나님께 제사를 드렸다. 어느 주석이나 참고서에도 일천 번제를 드린 정확한 기간이 없다. 그러나 '1,000번제'는 솔로몬이 하나님께 대해 최선을 다한 제사요, 뜨거운 중심과 최고의 제물을 드린 제사였음을 알 수 있다. 또 하나님 편에서는 기쁘게 받을만한 제사요, 흡족한 제사였다.

물론 누구나 이 성경 구절과 일천 번제라는 말을 대할 때 적용이 다를 수는 있다. 어떤 이들은 헌금을 1,000번 드리는 경우로, 어떤 이들은 1,000번 예배를 드리는 것으로, 또 어떤 이들은 1,000일 동안이라는 날짜 개념으로 생각할 수 있다. 나는 1,000일 작정기도회를 시작하며 1,000번을 횟수가 아니라 1,000일이라는 날짜의 개념으로 해석했다. 그래서 1차 작정기도를 하면 2년 9개월이라는 시간이 걸린다. 처음 기도를 시작할 땐 상당히 긴 시간 같지만, 진행하다 보면 금방 지나가고 또 금방 끝난다.

> 6장 작정기도회 진행 방법

하루 3번 기도회의 성경적 근거

> 저녁과 아침과 정오에 내가 근심하여 탄식하리니 여호와께서 내 소리를 들으시리로다 (시편 55:17)

이 말씀은 다윗이 아들 압살롬의 반역으로 아픔과 눈물의 세월을 통과할 때, 아침과 정오와 저녁 하루 3번씩 근심하며 하나님께 아뢰고 구한 내용이다.

> 다니엘이 조서에 왕의 도장이 찍힌 것을 알고도 자기 집에 돌아가서는 윗방에 올라가 예루살렘으로 향한 창문을 열고 전에 하던 대로 하루 세 번씩 무릎을 꿇고 기도하며 그의 하나님께 감사하였더라 (다니엘서 6:10)

이번엔 다니엘이 모함을 받아 사자 굴에 들어갈 줄 알면서도 전에

해왔던 대로 하루에 3번씩 무릎 꿇고 기도해 승리한 내용이다.

> 제 구 시 기도 시간에 베드로와 요한이 성전에 올라갈 새 (사도행전 3:1)

성경에 있는 것처럼 유대인들은 구약 시대부터 아침과 낮과 저녁에 걸쳐 하루에 3번씩 기도하며 하나님께 대한 믿음을 지켜왔다. 많은 목사님과 사모님이 한결같이 묻는다.

"하루에 3번씩 예배드리고 기도하려면, 힘들고 바빠서 어떻게 합니까?"

그러나 몇 달 혹은 1년만이라도 일단 해보면 생각보다 힘들지 않고, 하루 세끼 밥 먹는 것처럼 은혜로 진행된다는 걸 알 수 있다. 아침에는 하던 대로 새벽기도회를 하고, 낮 1시에 모여 20분 정도 예배드린 후 40분 동안 기도하고, 또 저녁 먹은 후 보통 TV 보고 쉬고 있을 때, 예배드리고 기도하며 잠자리에 드니 생활에 아무런 지장이 없다.

작정기도회의 준비와 시작 예배

6장 작정기도회 진행 방법

    처음 1,000일 작정기도회를 시작할 땐, 한두 주간 준비 기도를 하면 더 좋다. 준비기도회 할 여건이 못 된다면, 몇 주 혹은 한 달 전부터 미리 광고하고 마음의 준비를 하도록 해야 한다. 시작하는 날짜를 주일로 택해 강단 휘장에 플래카드나 자막으로 알린다. 주일 낮 예배 때는 시작 감사 예배를 드리고, 설교도 1,000일 기도회에 맞춰 한다. 플래카드에는 표어, 성구, 시작하는 날짜와 끝나는 날짜를 삽입한다. 그리고 모든 성도가 기도 제목을 적어 특별 감사 예물을 드리고 시작하는 것이 좋다. 시작할 때는 참석한 성도들이 많지 않거나 설령 없어도 상관이 없다. 목회자와 사모 두 사람이면 충분하다. 왜냐하면 두 세 사람 모인 곳에 주님이 함께 하신다고 말씀하셨기 때문이다. 나 같은 경우에도 1차 때는 아내와 둘이서 기도했고, 개척 후 2차 때도 아내와 단둘이 시작해서 오늘에 이르렀다.

> **6장**
> 작정기도회 진행 방법

작정기도회에 관한 7가지 유의 사항

첫째, 매일 하루에 3번씩 예배를 드리기 때문에 시간은 짧을수록 좋다.

찬송, 성경 봉독, 설교를 다 마치는 시간이 아무리 길어도 30분을 넘기지 않는다. 너무 길면 목회자나 성도들 피차가 힘들어진다. 또 가장 일반적인 것은 창세기부터 강해 형식으로 진행하되 본문을 짧게 잡는다. 본문을 길게 잡으면 설교가 늘어지고, 이것이 계속해서 반복되면 피차 지루하거나 시험이 찾아오기도 한다. 또 교회 사정에 따라 목회자가 성경 66권중 한 권씩 선택해 강해하거나 기도회에 알맞은 본문을 자유롭게 선택한다. 어떤 방법이든 다 좋으나 가능하면 강해나 설교보다는 소망과 용기를 주는 쪽이 더 좋다.

둘째, 설교가 끝나면 찬송을 한 곡 부르고, 찬양 테이프를 틀어 놓는다.

설교가 끝난 후 엠프와 연결된 찬양 테이프를 틀어 놓으면, 남의 기도에 신경 쓰지 않고 기도할 수 있다. 특히 새벽 예배 후에는 조용하고 잔잔한 찬양을 틀어 놓으면 좋다. 이때 조명도 중요한 역할을 한다. 아주 약하게 한두 개의 등만 켜 놓으면 부르짖는 기도를 하는 데 효과적이다.

셋째, 담임 목사의 기도 위치에 신경 써야 한다.
예배가 끝나면 당연히 목회자는 위 강단에서 기도해야겠지만, 그 외에 낮 기도나 저녁 기도 때는 성도들이 다 볼 수 있는 교회 의자 맨 앞좌석이 좋다. 목회자가 강대상 뒤에 있으면 보이지도 않고, 또 기도하는 목소리가 작은 경우에는 들리지도 않는다. 물론 남에게 보이거나 드러내는 것이 목적이 되면 안 되겠지만, 이왕이면 성도들이 볼 수 있는 앞좌석에서 기도하면 같이 힘을 얻고 같이 오랫동안 기도할 수 있는 유익함이 있다.

넷째, 초신자들이 많은 경우 기도회는 20-30분 이내로 마친다.
기도회를 처음 시작하거나 초신자들이 많은 경우엔 가급적 짧게 마치는 것이 좋다. 그러면서 점진적으로 늘리면 인도자나 성도들이 힘들지 않게 적응할 수 있다. 충분히 체질화되면 두 세 시간을 기도해도 무리가 없다.

다섯째, 성경 학교, 수련회, 부흥회 등 교회의 큰 행사를 앞두고 있을 땐 먼저 예배 후에 몇 차례 나눠 합심 기도를 하는 것이 좋다.

합심 기도는 성도들이 교회 행사를 인식하고, 헌신의 마음을 준비하며, 일의 성취를 위해 힘을 집결하는 데 꼭 필요하다. 이때 인도하는 목회자나 부교역자들은 기도 제목을 말할 때 아주 짧게 일러주고, 기도는 3분 이내로 마친다. 예를 들어, 교회 부흥회를 위해 합심 기도 제목을 줄 때, '우리 다 같이 부흥회를 위해 기도하시되 강사님을 위해, 온 성도들이 은혜 받기 위해 기도하십시다.' 이렇게 5초-10초 이내로 기도 제목을 짧게 말하고 기도한다. 끝나면 또 다른 기도 제목을 똑같이 짧게 말하고, 속도감 있게 두 세 번 기도한다.

여섯째, 공적 예배와 작정기도회를 조화롭게 진행한다.

하루에 3번 기도회를 진행하다 보면, 주일 예배·수요 예배·금요기도회와 겹친다. 이럴 때는 따로 복잡하게 생각하지 말고 주일 낮 예배를 낮 기도회로, 주일 밤 예배를 저녁 기도회로, 수요 예배를 수요일 저녁 기도회로, 금요기도회를 금요일 저녁 기도회로 대신한다. 그 대신 주일 저녁과 수요 예배 시에는 반드시 예배를 마친 후, 찬송을 부르고 기도하는 시간을 가진다.

일곱째, 목회자 부재 시 기도회 인도자를 선정한다.

할 수만 있다면 기도회는 담임 목회자가 하는 것이 가장 좋다. 그러나 부득이 담임 목회자가 출타중일 땐 부목사, 전도사, 또는 사모가 인도해도 좋다. 이것도 여의치 않으면 장로님이나 집사님이 찬송 1곡을 부른 후 찬양 테이프를 틀어놓고 기도한다. 전 교인이 야외로 나갔을 때나 차량으로 이동할 때는 기도 시간에 맞춰 현재 있는 장소나 차 안에서 찬송하고 합심으로 기도한다.

6장 작정기도회 진행 방법

기도회 진행 시 성령의 감동에 민감해야 한다

매일 기도하다 보면 성령께서 강하게 감동을 주시는 경우가 종종 있다. 그때 감동을 놓치지 말고 붙잡아야 한다. 교회나 개인이 충분히 기도하며 성령이 주시는 감동과 확신을 갖고 일하는 것과 그렇지 않은 경우는 결과에 큰 차이가 있다. 감동을 붙잡고 일하거나 봉사하고 헌신하면 유익하고 힘이 난다.

교회를 개척하기 전의 일이다. 교육 전도사로 봉사했던 동광교회에서 부흥회를 한다는 연락이 왔다. 담임 목사님이 전화로 오전 예배 때 대표 기도를 하라고 하시기에, 순종하는 마음으로 감사 헌금 이만 원을 준비해서 갔다. 대표 기도를 하고 설교를 듣는데, 불현 듯 가슴이 벅차오르고 눈물이 흐르더니 성령께서 뜨거운 감동을 주셨다.

'지금 예배드리고 있는 이 동광교회를 확장해서 건축할 터이니,

성전 확장 건축의 밀알 예물을 드리라.'

그 당시 나도 개척한 지 겨우 2년 남짓한 때였다. 한 달 사례비 35만 원을 받아 헌금하기도 바쁜 시절이었기에, 아무리 생각해도 헌금할 여력이 없었다. 그래서 실제 헌금은 차후에 드리더라도 일단 내게 주시는 감동대로 100만 원을 작정하고 작정 헌금 봉투를 썼다. 그때 봉투에 쓴 내용은 '성전 확장건축 밀알 헌금'이었다. 교회를 나오며 사모님께 작정한 봉투를 드리고 나왔다. 나중에 들으니 동광교회 담임 목사님이 내가 한 작정 헌금 이야기를 들으신 후 감동을 받아 예배 시간에 이렇게 말씀하셨다고 한다.

"이 헌금은 그냥 드려진 것이 아니라, 분명 하나님의 뜻이 있을 것입니다. 그러니 동광교회 성도들도 건축을 위해 건축 헌금을 합시다."

그래서 일주일 부흥회 기간 동안 8억이 넘는 건축 헌금이 작정됐다. 동광교회는 특별 예산으로 1억을 잡아놨지만, 그때까지만 해도 아직 성전 건축을 위한 헌금 작정은 생각지도 않았고 계획에도 없었다. 그런데 개척 교회 목사가 대표 기도 하러 왔다가 하나님이 주시는 감동에 순종한 걸 계기로 엄청난 헌금이 자연스럽게 작정됐다고 말씀해주셨다.

더 놀라운 것은 부흥회 때 시작한 건축 헌금 작정이 부흥회가 끝난 뒤까지 계속됐다. 무려 14억 원이 넘는 헌금이 작정돼 교회 주변에 있는 몇 채의 주택과 빈 땅을 매입하고 성전 건축을 준비하는 중이라고 했다. 쉬지 않고 기도할 때 하나님은 먼저 목회자에게 성경 말씀이나 기도를 통해 감동을 주신다. 그때마다 믿음의 귀를 열고 순종하면 주님이 하시는 일들을 보게 된다.

또 어느 교회나 똑같은 문제로 똑같은 시험이 찾아온다. 그 시험 중에는 성도와 목회자와의 관계에서 찾아온 시험도 있는데, 이럴 때는 설교를 5분 이내로 하는 게 좋다. 권면이나 책망형의 본문보다는 축복형의 본문을 선택하고, 그것도 힘들면 아예 설교 대신 찬송한 후 자유 기도를 하거나 성경을 한두 장 읽고 기도하면 된다. 시험이 왔을 때 시험과 연관된 내용은 아예 언급하지 않거나 한두 번 권면하고 빨리 건너뛰어야 한다.

6장 작정기도회 진행 방법

작정기도회 완료 감사 예배 드리는 방법

    1,000일 작정기도회가 끝나는 날짜와 가장 가까운 주일을 완료 감사 예배를 드리는 날로 잡는다. 강단 휘장에 '제1차 1,000일 작정기도회 완료 감사 예배'라고 자막이나 플래카드를 붙이고 특별 감사 헌금을 드린다. 설교도 예배 목적에 걸맞게 솔로몬이 1,000번제를 드리고 받은 축복에 대한 내용이면 은혜가 되고 실제적인 축복을 바라보는 계기가 된다.

    완료 감사 예배를 더 풍성하게 드리려면, 떡과 음식을 준비해 잔칫날처럼 하는 것도 좋다. 완료 감사 예배를 드릴 때 꼭 잊지 말아야 할 게 있다. 1차 완료 감사 예배가 동시에 2차 시작 예배로 이어져야 한다는 점이다. 그래야 기도를 쉬지 않게 되고, 지속적인 진행이 가능하다. 쉬지 않고 항상 기도에 힘쓰며 살기 위해서는 시간을 정하여 작정하고 기도하는 것이 가장 좋은 방법이다. 말과 생각만으로 기도가 되는 것이 아니기 때문이다. 내가 무릎을 꿇고 입을 열어

구해야 한다. 기도는 내가 직접 주님과 교제하는 것이다. 이렇게라도 스스로 올무를 만들어놓고 그 속에 들어가야, 기도꾼이 되고 수많은 응답들을 체험할 수 있다.

수십만 번의 기도 응답을 받은 조지 뮬러의 응답이 그냥 주어졌겠는가, 쉬지 않고 기도하는 데 그 해답이 있다. 그리고 당일 예배 시간에 1,000일 동안 받은 은혜와 응답들을 나누는 간증의 시간을 가지면 더 좋다.

6장 작정기도회 진행 방법

기도회를 인도하는 목회자의 건강 관리

나는 8년 동안 체력의 탈진과 언어 장애로 죽을 고생을 했다. 개인적인 경험으로 볼 때 목사님들은 너무 잦은 금식을 하지 않아야 체력 유지가 된다. 금식을 할 때는 버텨내지만, 금식을 마치고 난 후가 항상 문제다. 무리하게 금식하고 체력 회복을 등한시했다가는 실명이 되기도 하고, 하반신 마비가 일어나기도 한다. 언어 장애가 오거나 걸음을 제대로 못 걷는 후유증이 올 수도 있다. 꼭 금식을 해야 될 일이 생겼을 경우, 3일 정도만 하고 충분한 휴식과 보식을 해야 한다.

하루에 3번씩 예배드리고 기도하는 일을 지속적으로 하려면, 음식을 충분히 섭취해야 한다. 과식보다는 소식으로 자주자주 배를 채워 체력을 유지한다. 특히 목회자들은 대개 금식을 자주 하기에 영양제를 곁들여 복용하는 게 좋다. 몇 년 전 언어 장애 때문에 어떤 약사와 상의한 적이 있다. 그때 들은 얘기다.

"하루에 종합비타민제 한 알씩만 복용했더라면, 기관지 점막이 닳아지거나 얇아지지 않고 유지되었을 텐데, 잘 모르셨군요."

그동안 내가 얼마나 무지했던가. 하루에 비타민 한 알이면 기관지 점막이 유지되고 보존될 수 있었다는데, 내 무지의 소치로 엄청난 고생을 한 것이다. 그래서 요즘은 비타민제도 먹고, 이것저것 몸에 좋은 것은 다 먹는다. 먹는 것도 주님의 사명 감당을 위한 것으로 알고 사니, 체력이 날로 좋아지고 부르짖어 기도하기가 훨씬 수월했다. 또 목회자들은 건강 관리를 위해서 반드시 운동을 해야 한다. 무릎 꿇고 앉아 있거나 책상 앞에 앉아 있는 시간이 많기 때문에, 몸이 굳어지거나 둔해지고 혈액 순환 계통에 장애가 올 수 있다. 또 건강 관리를 위해서 낮 기도회와 저녁 기도회 전에 30분 정도 수면을 취하면 낮에 쌓였던 피로가 풀리고 기도할 때도 무리가 없다.

사람들은 나를 보고 그렇게 기도 생활을 하면서 다른 일까지 하려면 건강이 유지되느냐고 묻는다. 그러나 오히려 나는 기도하지 않으면 금방 몸에 이상 증세가 오고, 기도해야 건강한 컨디션이 유지된다. 특히 통성 기도가 좋은 것은 목회 현장에서 오는 갖가지 문제들로 인해 따라오는 스트레스를 동시에 극복할 수 있다는 것이다. 부르짖을 때 힘든 마음과 생각들이 차분히 정리될 뿐만 아니라, 필요 없는 군더더기들이 떨어져 나간다. 통성 기도를 통해 주님과 영혼을 사랑하는 마음이 샘솟으니, 이보다 더 좋은 건강법은 없다. 끊임없이 기도하기 위해 건강을 돌봐야 하지만, 반대로 기도 자체가 건강을 지키는 파수꾼임도 잊지 않고 살아야 한다.

6장 작정기도회 진행 방법

1,000일 작정기도회를 계속할 때의 마음가짐

주의 목전에는 천 년이 지나간 어제 같으며 밤의 한 순간 같을 뿐임이니이다 (시편 90:4)

1,000일 작정기도회를 시작하면 날짜부터 계산하게 되는데, 처음 할 때 천 일이라고 생각하면 일단 너무 길게 느껴진다. 그러나 모세가 고백한 이 말씀처럼 금방 지나간다고 생각하면, 정말 천 일이 수 일과 같이 지나간다. 그렇지 않으면 나와 동아교회가 지금까지 오랜 세월 기도하지 못했을 것이다. 매일 하루 3번씩 하는 기도회는 육신을 위해 하루 세끼 식사하는 것과 같다. 영적인 식탁을 하루 세 번씩 대한다고 생각하면 마음이 편하다. 이렇게 몇 달만 기도회를 진행하면 몸이 기도하는 쪽으로 체질화된다. 오히려 안 하면 이상하게 느껴지고, 영적으로 답답해 견딜 수 없는 심정이 된다. 그래서 쉬지 않고 기도함이 은혜요, 축복이다.

7장 — 1,000일 작정기도회의 유익

성령의 일하심을 빨리 깨닫는다

목회 현장에 물질이 마르지 않는다

교회 안에 기도의 불이 붙고 교회가 성장한다

목회자와 교회, 성도들의 세속화가 방지된다

목회자의 위기와 교회의 시험이 빨리 극복된다

성경 지식과 강해 설교의 능력이 배양된다

성령 충만과 더불어 다양한 은사를 경험한다

교회의 행사가 물 흐르듯 진행된다

7장 1,000일 작정기도회의 유익

성령의 일하심을 빨리 깨닫는다

하루에 세 번씩 예배하고 기도하면, 최소한 3시간은 하나님께 드리는 셈이다. 새벽기도회 한 번으로 기도의 분량을 유지하는 삶에서 낮과 저녁 두 번을 더하면, 성령의 충만함과 심령의 맑은 상태가 유지된다. 기도회 때 성도들은 더러더러 빠지기도 하지만, 목회자 부부는 정말 특별한 사정이 아니면 빠질 수가 없다. 덕분에 영적으로 항상 깨어있을 수 있다. 1,000일 작정기도회에 참석하여 도전 받고 기도하는 목사님들 중에 많은 분의 간증을 들어 보면, 기쁨과 감사가 충만하다는 내용이 거의 전부다. 목회자 부부가 늘 깨어 있는데, 주님이 어떻게 목회 현장에 복을 주지 않겠는가. 너무나 당연한 일이다.

특히 쉬지 않고 기도하는 목회자들의 특징 중 한 가지는 성령의 감동에 민감하다는 점이다. 주님이 어떤 일을 행하고자 움직이실 때, 그 흐름을 빨리 읽을 수 있다. 사도행전 16장 말씀 중에 바울이

소아시아 지방에서 전도하기를 그토록 원했지만, 성령께서 막으시자 과감히 포기하고 빌립보 성으로 발길을 돌린다. 성령께서 움직이실 때 민감하게 받아 순종했더니, 자주장사 루디아를 만나 빌립보 교회를 세우고 유럽을 복음화 하는 전초 기지를 구축하게 된다. 복음 사역은 말씀과 더불어 성령께서 함께 일하시는 사역이다. 그래서 항상 기도하고 깨어 있을 때, 주님이 목회 현장 속에서 계획하신 일을 하신다. 먼저 성도를 감동하게 하시고 강권하시면, 놓치거나 지나침이 없이 그 뜻을 읽고 행하게 된다. 교회가 성장해서 확장하거나 건축을 할 때 당연히 제직회로 모이거나 당회에서 의논하고 추진한다. 그런데 거기에 담임 목사의 확신이 있고 받은 응답이 있다면, 추진력이 배가 될 수밖에 없다.

7장 1000일 작정기도회의 유익

목회 현장에 물질이 마르지 않는다

    목회를 감당할 종들이 기도로 준비하지 않은 채 교회를 개척하고 목회를 시작하면, 물질적인 어려움이 따르거나 인간적인 생각으로 문제를 해결할 수밖에 없다. 그러나 작정기도로 충분한 기도의 분량을 채워 시작하면, 개척할 때부터 주님이 철저하게 물질을 책임지고 공급하시는 걸 경험하게 된다. 학개서(2:8)에서 주님은 '은도 내 것이요, 금도 내 것'이라 하셨다. 그 하나님이 몸 된 교회를 세우고 영혼 구령을 위해 애쓰는 목회 현장에 왜 물질을 책임지지 않겠는가. 물질을 있게 하신 분도 하나님이시요, 물질을 움직이시는 분도 하나님이시기에, 그분께 구하면 늘 필요한 물질을 공급해 주신다. 유대인들을 포로에서 풀어준 고레스 왕에게 하나님은 '흑암 중의 보화와 은밀한 곳에 숨은 재물을 주겠다'고 약속하셨다(이사야 45:3). 이방의 왕에게도 물질을 공급하시는 하나님이 복음 사역에 쓰겠다고 구하는 자에게 왜 주시지 않겠는가.

7장 1,000일 작정기도회의 유익

교회 안에 기도의 불이 붙고 교회가 성장한다

기도회가 새벽기도회 한 번일 때는 못 나오는 사람들이 많다. 그러나 낮과 저녁에 기도회로 모이면, 다양한 환경에 놓인 성도들이 두루 참석하게 된다. 아침에 남편 출근시키고 아기를 키우는 엄마들은 한가한 낮 기도회에 나오고, 직장인들은 퇴근 후 식사하고 저녁 기도회에 참석하게 되니, 교회에 기도의 불이 붙기 시작한다. 시간이 지날수록 단골 기도자가 생기고, 기도의 시간도 길어지며, 기도의 열기도 더해간다. 초대 교회 당시의 놀라운 부흥은 기도를 통한 성령의 강한 역사로 일어났다. 베드로 사도가 설교했을 때 하루에 삼천 명, 오천 명이 회개하고 주님을 영접했다. 베드로 사도가 신학적 지식이 뛰어나거나 인격이 고매해서가 아니다. 마가의 다락방에서 10일 동안 기도하고 성령의 충만함을 받은 결과였다.

요즘엔 대부분의 목회자들이 수준 이상의 학벌과 훈련으로 지식적인 면에서는 부족함이 없다. 그러니 교회가 부흥하지 못하는 것은 성경적 지식의 결핍 때문이 아니라, 기도의 부족과 성령의 역사가 미약하기 때문인 경우가 많다. 1,000일 작정기도회는 기도의 분량도 쌓아가지만, 그보다 더 중요한 게 있다. 지속적으로 기도함으로써 항상 성령의 충만함을 맛보고 유지하니, 교회의 부흥은 자연스럽게 이뤄질 수밖에 없다. 물론 하나님이 주신 그릇이나 방향이 목회자마다 같을 수는 없겠지만, 쉬지 않고 기도할 때 목회자 각자에게 주신 분량대로 충분히 부흥되고 성장한다.

7장 1,000일 작정기도회의 유익

목회자와 교회, 성도들의 세속화가 방지된다

1,000일 작정기도회는 예배를 통해 먼저 말씀을 전한 후 기도하기 때문에 늘 말씀과 기도가 균형을 이루게 된다. 그래서 하루에 세 번씩 공적인 예배를 드리고 몇 시간씩 기도하는 목회자와 성도들이 있는 교회는 세속화 될 수가 없다. 아무리 세상이 죄악으로 만연하고 사람들이 세상을 따라 산다고 할지라도, 말씀과 기도로 끊임없이 무장하는 사람들은 결코 세상과 쉽게 타협하거나 죄악의 물결에 휩쓸리지 않는다. 늘 기도하는 목회자와 성도들이 어떻게 세상 즐거움을 좇아 살겠는가. 목회자가 먼저 정신을 차리고 자기 자리를 지키면서 사명을 감당하면, 세속화되지 않는 복 있는 목회자, 복 있는 성도, 복 있는 교회가 된다.

목회자의 위기와 교회의 시험이 빨리 극복된다

7장 1,000일 작정기도회의 유익

    적지 않은 시간 동안 달려온 목회 현장에서 지금도 혼자 생각하면서 감사하고 안도의 한숨을 토하는 일이 있다. 위기를 극복케 하시는 주님의 은혜에 대한 감사의 한숨이다. 목회자가 한 목숨 걸어놓고 사역을 감당해도 사소한 목회자의 실수, 목회자에 대한 잘못된 오해들, 억울하게 뒤집어쓰는 누명들, 시도 때도 없이 찾아오는 비방 등은 목회자의 목회 의지와 용기를 무참히 짓밟고 꺾어버린다. 그러나 위기에 처하고 어려울 때도 쉬지 않고 무릎을 꿇게 되면 주님이 위기를 극복하거나 벗어나게 하시고 또 필요할 때마다 돕는 일꾼을 붙여주신다. 특별히 잘못된 일을 범하지 않고 늘 기도하는 목회자에게는 주님이 도우시고 일하시는 표징을 항상 나타내신다. 그래서 목회자의 위기가 생각보다 쉽게 극복이 되고, 또 위기가 전화위복이 돼 축복의 밑거름이 될 때가 많다. 목회자에게 찾아오는 위기의 시간을 기도로써 잘 통과하면, 그 뒤에는 반드시 주님이 주시는 위로와 보상이 따른다. 항상 기도로써 준비하고 기도로써 통과하는 목회자가 될 때 엄청난 유익을 맛보게 될 것이다.

목회를 하다 보면 원하지 않아도 늘 크고 작은 시험들이 끊이지 않는다. 사도 바울이 기록한 서신들에도 교회와 성도들로 인한 사도 바울의 근심과 걱정이 많다. 유대인들이 성도들을 비진리로 미혹해 시험에 들게 하고 넘어지게 할뿐더러, 교회 전체를 어지럽히고 뒤흔들어 놓았기 때문이다. 그래서 말씀으로 가르치는 동시에 밤낮으로 무릎 꿇고 눈물로 기도함으로써, 성도와 교회 속에 찾아온 갖가지 시험들을 극복해 왔다.

현재 우리 목회자들이 목회하고 있는 현장도 하나도 다를 바가 없다. 성도와 성도와의 관계 속에서 찾아오는 시험, 목회자와 성도 사이에서 찾아오는 시험, 은혜 받는 일에 찾아오는 시험, 교회 행사나 큰일을 진행할 때 찾아오는 시험들이 오죽 많은가. 또 건강 문제, 물질 문제, 가정 문제, 직장 문제, 사업 문제로 찾아오는 시험 등 이루 헤아릴 수 없는 문제들이 찾아온다. 이때 기도가 약한 교회는 받는 충격이나 피해가 크고 오래가는 것이 특징이다. 반대로 하루에 3번씩 쉼 없이 기도를 쌓아 가는 교회는 문제와 시험이 찾아와도 생각보다 작고 짧은 시간 안에 마무리되는 것이 특징이다.

기도가 적은 교회든 많은 교회든 찾아오는 문제와 시험들은 똑같으나 결과를 보면 너무나 큰 차이가 있다는 것이다. 시험과 문제의 정체는 대부분 사탄이다. 그래서 기도로 물리치지 않으면 하염없이 괴롭히고 힘들게 하지만, 기도로써 힘 있게 싸워 나가면 아침 이슬이나 안개가 걷히듯 의외로 쉽게 끝나고 파장도 적다. 돈으로도 힘으로도 풀 수 없는 문제가 풀어지고 사라지는 경험을 하게 된다.

7장 1,000일 작정기도회의 유익

성경 지식과 강해 설교의 능력이 배양된다

1,000일 작정기도회는 그냥 찬송하고 기도하는 것이 아니다. 하루에 3번씩 예배를 드리기 때문에, 시간마다 말씀을 전하게 된다. 쉬지 않고 전하다 보면 창세기부터 요한계시록까지 강해를 하게 되고, 두 세 번씩 반복하게 된다. 그런 가운데서 주석이나 자료를 찾고, 계속 강해 설교를 하다 보면 성경 지식이 늘고 강해하는 지혜도 덤으로 얻게 된다.

아직은 목회에 대해 확정지어 말할 순 없겠으나, 분명히 깨닫는 것이 있다. 목회의 연수가 곧 능력이라는 것이다. 목회자가 되겠다고 신학교에 입학하고 리어카를 끌며 학비를 벌 때의 일이다. 옆에서 고추 장사를 하는 20대 초반의 형제를 전도한 적이 있다. 그 형제가 주님을 영접하고 신학을 공부한 후 목사가 되어 교회를 개척했다. 교회를 개척한 지 1년이 채 안 되었을 때, 그 목사님 부부가 우리 부부에게 이런 질문을 했다.

"목사님과 사모님은 어떻게 지금까지 이렇게 힘든 개척 교회를 하셨습니까?"

그런데 이 질문은 목회 초기에 내가 선배 목사님께 했던 질문과 똑같았다. 목회 연수가 능력인 것은 그만큼 참고 인내하며 말씀을 의지하고 무릎을 꿇으며 가슴과 생각을 넓혀가기 때문이다. 1,000일 작정기도회를 계속하다 보면, 성경의 흐름을 더 깊이 파악하고 성경 지식이 넓어져 강해 설교 하는 게 별반 힘들지 않다. 언제 어디서든 설교할 수 있는 능력이 배양된다.

7장 1,000일 작정기도회의 유익

성령 충만과 더불어 다양한 은사를 경험한다

유대인들은 구약 시대뿐만 아니라, 예수님 당시에도 하루에 세 번씩 기도했다. 그 덕분에 사도들도 항상 성령 충만한 가운데서 전도하고 귀한 사역을 감당할 수 있었다. 바울 역시 순교의 제물로 드려지기까지, 전도 현장이나 감옥 안에서도 기도하기에 힘썼다. 그 역사의 원동력은 성령 충만함에 있다. 성령의 충만함을 유지하고 싶은 마음은 목회자라면 누구나 똑같다. 그러나 사명감이 약해지면, 가슴이 식고 눈물이 메마르는 것 또한 부인할 수 없다. 목회의 위기는 여기서부터 찾아온다. 성령 충만을 상실하고 삭막한 가슴, 한없이 느슨하게 풀려진 사명감, 한 주간이 지나고 한 달이 지나도 눈물 한 번 흘려보지 못하는 사막 같은 눈을 가지고 있는 것 자체가 큰 위기이다. 성령 충만을 상실한 상태에서 걱정하고 애를 태운들 무슨 일이 일어나겠는가. 주님이 예비하신 고난의 채찍만 다가올 뿐이다. 그래서 억지로라도 작정하고 기도하면 혹 영적으로 잠시 약해져도 사막같이 되지는 않는다. 우선 입을 열면 기도가 터져 나오고 곧 뜨거운 가슴이 된다. 항상 눈가와 가슴에 눈물이 차서 감격하는 가운데 예배하고 사명을 감당할 수 있게 된다.

은사는 성령께서 각 사람에게 나눠주시는 선물이다. 성경(로마서 12:6-8)에 따르면, 은사는 제각각 다르지만 예언, 믿음, 섬기는 일, 가르치는 일, 권면하는 일, 구제하는 일, 다스리는 일, 긍휼을 베푸는 일 등이 있다. 또한 지혜의 말씀, 지식의 말씀, 믿음, 병 고침, 능력 행함, 예언, 영들 분별, 방언, 방언 통역 등의 은사(고린도전서 12:4-10)도 있다. 성경(고린도전서 12:28-30)은 또한 사도, 선지자, 교사, 능력, 병 고침, 서로 돕는 것, 다스리는 것, 방언, 방언 통역 등의 은사가 있음을 말씀하고 있다.

많은 성도와 목회자들이 이런 다양한 은사들을 사모하고 받기를 원하지만, 쉽게 주어지진 않는다. 그래서 은사를 받고자 기도원으로 쫓아가고 은사 집회에 참석하며 여기저기 기웃거리게 된다. 물론 먼저 받은 자의 도움이나 기도가 있으면, 한결 받기가 쉬운 것은 인정한다. 그러나 언제까지 목회자들이 여기저기 다니면서 사람을 의존해야 하겠는가. 묵묵히 말씀을 읽고 전하며 쉼 없이 기도하면, 성령 충만하게 되고 성령께서 필요에 따라 다양한 은사를 주신다. 은사를 구하기 전에 먼저 성경대로 믿고 성경대로 열심히 기도해 충만하면, 은사는 선물로 나타나는 것이다.

우리 교회의 경우를 보면 늘 기도하던 중에 성도들이 뜨거운 불 체험도 하고, 방언을 말하기도 하고, 개인적인 영적 체험을 갖기도

한다. 사람으로부터 받으려고 하지 말고, 기도 중에 하나님으로부터 받는 것이 아름답다.

> 너희는 더욱 큰 은사를 사모하라 내가 또한 제일 좋은 길을 너희에게 보이리라 (고전 12:31)

교회의 행사가 물 흐르듯 진행된다

7장 1,000일 작정기도회의 유익

작정기도회로 하루에 3번씩 모이다 보면, 교회의 큰일이나 행사를 위해 자연스럽게 광고하고 기도할 수 있는 기회가 많이 생긴다는 점이 큰 유익이다. 예를 들어, 교회가 땅을 사고 건축을 하고자 하면, 일주일에 공식적으로 20번 정도의 예배 시간이 주어지니, 기도회 때마다 나오는 성도들에게 취지를 설명하고 기도로써 준비가 된다. 또 거기에 맞는 말씀을 선포하니, 어떤 일의 결정을 위해 모이거나 회의를 갖기 전에 이미 진행하는 쪽으로 결정이 나기 쉽다. 기도원 부지와 사택, 성전 건축할 땅을 사고 성전 건축을 할 때는 공식적으로 공동의회나 제직회가 열리기는 한다. 그러나 평소에 기도회로 모이니 대부분 만장일치로 결정이 되고, 회의 시간도 불과 10-20분을 넘지 않는다. 간혹 말다툼이나 갈등이 생겨도 상처 없이 쉽게 결정되고 쉽게 끝이 난다. 쉼 없이 예배드리고 기도하는 교회에 주님이 주시는 축복이다.

큰일뿐만이 아니다. 사소한 모임이나 행사까지도 미리미리 광고하고 기도로 준비하기 때문에, 개척하고 지금까지 교회 행사에 물질이 부족했다거나 큰 사고가 일어난 적이 거의 없다. 항상 채우시고 지키시는 은혜를 넉넉히 주셨다. 교회마다 큰일 한번 진행하려면, 얼마나 말도 많고 탈도 많은가. 그 원인은 대개 성도들 상호 간의 이해 부족과 준비 기도 부족에서 온다. 1,000일 작정기도회를 하면 큰일이나 행사 준비부터 마지막 결과까지 주님의 축복으로 아름답게 마무리된다.

교회를 세우시는 분도 주님이시고 교회 속의 모든 일을 행하시는 분도 주님이심은 두말할 나위가 없다. 그러나 끊임없이 기도하는 교회는 주님이 더 강하게 더 주권적으로 이끌어 가신다. 교회 개척부터 성전 확장, 성전 건축, 경로대학 운영, 목회자 세미나 개최 등 교회가 진행하는 큰일들마다 사람의 생각이나 계획으로 된 것은 하나도 없었다. 주님이 은혜로 이끄시고 강권하시기에, 그때마다 순종한 것뿐이다. 어려움이나 문제없이 너무나 쉽고 정확하게 마쳤다. 주님이 이끄시는 영적 흐름을 따라 움직였더니, 장애물이 사라지고 막힘이 없었다. 시편(37:5-6)에 기록된 것처럼 철저하게 신본주의로 주님만 의지할 때, 주님이 주님의 방법으로 목회 전체를 이끄시고 성취하신다.

> 너의 길을 여호와께 맡기라 그를 의지하면 그가 이루시고 네 의를 빛같이 나타내시며 네 공의를 정오의 빛같이 하시리로다 (시편 37:5-6)

8장

1,000일 작정기도회 – 성도들의 자세

성경적인 근거를 확실히 붙잡는다

끝까지 인내한다

목회자가 전하는 말씀과 지도에 순종한다

영적 세계에 대한 분별력이 생긴다

기도의 힘을 더하기 위한 5가지 유의 사항

8장

1,000일 작정기도회 - 성도들의 자세

성경적인 근거를 확실히 붙잡는다

1,000일 작정기도회는 하루 이틀 만에 끝나는 것이 아니다. 몇 년씩 하는 데다 횟수로 따지면 3,000번의 예배와 기도를 드리는 일이다. 그러므로 승리하고 축복의 열매를 거두려면, 반드시 올바른 자세가 밑바탕에 깔려있어야 한다. 그래서 성도들이 교회에서 다양한 행사를 치를 때, 반드시 말씀에 기초해야 하고 끝까지 말씀을 붙잡아야 한다.

> 이에 왕이 제사하러 기브온으로 가니 거기는 산당이 큼이라 솔로몬이 그 제단에 일천 번제를 드렸더니 (열왕기상 3:4)

> 다니엘이 이 조서에 왕의 도장이 찍힌 것을 알고도 자기 집에 돌아가서는 윗방에 올라가 예루살렘으로 향한 창문을 열고 전에 하던 대로 하루 세 번씩 무릎을 꿇고 기도하며 그의 하나님께 감사

하였더라 (다니엘 6:10)

저녁과 아침과 정오에 내가 근심하여 탄식하리니 여호와께서 내 소리를 들으시리로다 (시편 55:17)

제 구 시 기도 시간에 베드로와 요한이 성전에 올라갈새 (사도행전 3:1)

끝까지 인내한다

> 8장 1,000일 작정기도회 - 성도들의 자세

　기도회를 시작할 때는 많은 성도가 하루에 한 번 이상은 나와서 기도하겠다고 작정하지만, 중도에 쉬거나 탈락하는 경우들이 많다. 성도들의 인내가 어느 수준인가를 눈으로 볼 때면, 가슴 아프기가 말로 표현할 수가 없다. 기도 생활에 저렇게 인내가 없으니, 어떻게 하나님의 큰 역사와 손길을 기대할 수 있겠는가 하고 혼자 탄식할 때가 많다. 교회나 개인이 며칠만 작정하고 금식 기도를 해도 그걸 방해하려는 사탄의 역사가 엄청난데, 1,000일 동안 기도의 무릎을 꿇으면 사탄의 공격이 얼마나 더 거세겠는가. 이를 늘 염두에 두고 단단히 싸울 각오를 해야 어떤 환경과 어떤 시험이 와도 인내하며 멈추지 않을 수 있다. 하나님이 부르시는 죽음의 사건 외에는 어떤 상황이 와도 인내로써 무릎을 꿇어야 한다. 기도를 하다 보면 정말 기도를 쉴 수밖에 없을 것 같은 상황이나 시험이 찾아든다. 그러나 승리와 축복을 위해 기도만은 계속해야 한다. 인내한 자만이 승리의 개가를 부르고, 인내한 자만이 승리에 따르는 열매를 얻기 때문이다.

내 형제들아 너희가 여러 가지 시험을 당하거든 온전히 기쁘게 여기라 이는 너희 믿음의 시련이 인내를 만들어 내는 줄 너희가 앎이라 인내를 온전히 이루라 이는 너희로 온전하고 구비하여 조금도 부족함이 없게 하려 함이라 (야고보서 1:2-4)

8장

목회자가 전하는 말씀과 지도에 순종한다

하루에 세 번씩 예배를 드리다 보면, 목회자는 너무 많은 설교를 하게 되고 성도들은 많은 말씀을 듣게 된다. 피차간에 힘든 일이기도 하지만, 반대로 생각하면 놀라운 일이다. 특히 영적으로 보면 몇 년을 교회에 다녀도 못 들을 분량을 몇 달 혹은 일이 년 안에 듣게 된다는 엄청난 유익과 복이 따르기 때문이다.

다만 유의할 것은 많은 분량을 짧은 시간에 소화하는 것만큼 영적인 부담이 크다. 소화되지 않는 부분 또한 많게 되므로, 자칫 시험에 들 수도 있다. 그래도 말씀을 대할 때 사람의 말로 받지 말고, 하나님의 말씀으로 받으면 승리한다. 성도는 목회자의 가르침이나 지도에 꼭 순종해야 한다. 하나님은 순종이 제사보다 낫다고 말씀하셨다. 하나님은 순종 없는 예배, 순종 없는 기도, 순종 없는 봉사, 순종 없는 헌신을 기뻐하지 않으신다. 순종 없이 하는 모든 일은 스스로 시험을 자초하고, 스스로 죄를 끌어안아 파멸의 구덩이로 들어가는 것과 같다.

매일 같이 목회자를 대하다 보면, 인간적인 면도 보고 허물과 실수도 보게 된다. 그럴 때 사소한 연약함은 인간이기에 당연한 것으로 이해하고, 덮어주며 순종하는 자세를 가져야 한다. 혹여 순종하다가 어떤 면에서 손해를 보는 일이 있다면, 하나님이 책임을 지신다. 이스라엘 민족이 광야에서 수없이 죽음을 맞이한 것은 순종하지 않고, 원망하며 불평하다 자초한 일이다. 하나님은 순종하는 자를 기뻐하시고 축복하신다. 또한 순종하는 자는 시험을 이기게 하시고, 목회자의 사랑을 넉넉히 받게 하신다. 어떤 시험이 와도 목회자의 말씀과 권면과 지도에 순종하는 마음 자세가 있어야 승리와 축복이 보장된다.

영적 세계에 대한 분별력이 생긴다

작정기도가 시작되면 사탄이 기도를 중단시키고자 기회를 엿보고 있다가 성도들이 속을 수밖에 없도록 간교하게 역사한다. 사탄은 먼저 사람의 감정을 교묘하게 이용한다. 부부 간에 다툼이 있게 해서 마음을 상하게 한다. 친구나 가족, 직장 동료나 교우들 간에 사소한 문제를 일으켜 기도할 마음을 아예 없애버린다. 여기에 속지 말아야 한다. 내 기분이 좋지 않고 밝지 못해도, 기도는 하나님께 작정한 것이기에 이유를 앞세우지 말고 계속해야 한다. 사탄은 환경을 통해 수없이 훼방한다. 직장과 가정생활을 꾸려가려면 이것저것 바쁘고 힘든 일이 겹치면, 그럴싸한 핑계거리를 안겨다 준다. 누가 들어도 그럴 듯하게 만들어 기도를 쉬는 것을 정당화하게 만든다. 이것 모두 교묘한 사탄의 술수이다.

사람이 호흡하지 않으면 생명을 잃는 것처럼, 기도는 영적인 호흡이기에 어떠한 환경이 찾아와도 기도의 중단은 정당화 될 수 없다.

일이 많고 바쁘면 영적으로 더 많이 헐떡이며 기도의 숨고르기를 해야 한다. 고난과 환난이 찾아왔을 때도 사탄은 교묘하게 역사한다. 성도들에게 질병이 오거나 환난의 바람이 불면, 아프다는 이유로 기도를 못하겠다고 포기하게 한다. 이때도 기도로 이겨내야 한다. 병이 들었으면 치유를 위해 더 많이 기도해야 하고, 고난이 찾아왔으면 환난이 바뀌어 축복이 되도록 더 많이 기도해야 한다.

> 환난 날에 나를 부르라 내가 너를 건지리니 네가 나를 영화롭게 하리로다 (시편 50:15)

환난이 찾아왔을 때는 낙담하지 말고 듣고 계시는 하나님께 부르짖으면, 반드시 건지시고 승리를 안겨다 주신다.

> 네가 만일 환난 날에 낙담하면 네 힘의 미약함을 보임이니라 (잠언 24:10)

기도의 힘을 더하기 위한 5가지 유의 사항

첫째, 성경 읽어야 한다. 성도들이 기도할 때 신앙의 연륜이 충분하고 믿음이 견고한 사람이 아닐 경우, 기도하면서도 기쁨이 없고 실망과 낙심을 맛보는 경우가 많다. 이를 극복하고 기도의 힘을 더하기 위해서는 반드시 성경을 읽어 영의 양식을 충분히 공급받아야 한다.

둘째, 쉬지 않고 전도함으로써 믿음의 열정과 확신을 가져야 한다. 교회에서 봉사할 기회가 주어졌을 때는 거절하지 말고 열심히 봉사함으로써 주님이 주시는 기쁨을 누려야 한다.

셋째, 때때로 감사 예물을 드려야 한다. 작정하고 기도하면 기쁘고 좋은 일이 있는가 하면, 힘들고 어려울 때도 있게 마련이다. 기쁘고 좋을 때는 말할 것도 없지만, 어렵고 힘이 들수록 꼭 감사 예물을 드리면서 기도해야 한다. 단순히 물질을 드림이 아니다. 감사하는 마음을 담아 드리면, 고난이 변해 감사의 조건으로 나타나기 때문이다.

> 감사로 하나님께 제사를 드리며 지존하신 이에게 네 서원을 갚으며 (시편 50:14)

하나님께 작정기도 할 때는 시작부터 마칠 때까지 마음을 담아 감사의 예물을 드려야 시험도 통과하고 하나님이 주시는 값진 은혜와 응답을 받을 수 있다.

넷째, 목회자와 좋은 것을 함께해야 한다.

> 가르침을 받는 자는 말씀을 가르치는 자와 모든 좋은 것을 함께 하라 (갈라디아서 6:6)

1,000일 작정기도를 승리로 마치려면, 반드시 목회자의 가르침과 기도가 필요하다. 그래서 날마다 말씀을 전하고 기도해주는 목회자와 연합해야 한다. 늘 기도로써 연합하고, 선한 마음을 따라 감동이 오면 감동대로 선대하면 된다.

> 여호와를 신뢰하라 그리하면 견고히 서리라 그의 선지자들을 신뢰하라 그리하면 형통하리라 (역대하 20:20)

성도들이 누릴 영적 축복의 삼겹줄은 삼위일체 하나님과 주님의 몸 된 교회, 주님이 기름 부어 세운 주의 종들과의 연합이다. 이 삼겹줄을 붙잡고 견고히 할 때, 삶이 견고하고 축복이 더하게 된다.

다섯째, 회개를 늦추지 않는다. 기도의 능력과 힘은 성도 각자의 마음과 삶이 청결할수록 더 강하게 주어진다. 작정기도를 진행할수록 우리의 감정이나 환경, 어려움을 통해 원망과 불평, 낙심과 좌절이 찾아온다. 이때마다 회개하고 감사로 영광을 돌리면, 순식간에 이 모든 것이 사라져 버린다. 사탄은 회개하고 감사하는 심령 속엔 더 이상 있을 수 없어 떠나기 때문이다. 특히 자주 듣는 설교 말씀에 부담이나 시험이 오면, 빨리 회개해야 한다. 말씀에 걸리는 문제를 그냥 두면, 예배와 작정기도에 엄청난 타격을 받게 된다. 내가 잘못하고 고쳐야 할 것은 큰 시험을 받기 전에 내가 먼저 회개해야 한다. 사탄이 목회자와의 관계를 깨뜨리고 기도를 중단시키는 작업이기 때문에, 빨리 회개해서 사탄이 틈탈 근거를 없애버려야 한다. 항상 기쁨으로 기도하면 멋진 응답과 풍성한 열매를 거두게 될 것이다.

9장 — 1,000일 작정기도회 - 목회자의 자세

하나님의 말씀에 기초한 서원 기도임을 기억한다
기도는 교회의 온 지체가 끝까지 깨어있는 길이다
어떤 일이 있어도 사탄에게 항복하지 않는다
기도의 입을 넓게 열고 인내하며 기다린다
기도로써 목회 비전을 받고, 그 성취를 위해 기드한다
기도의 열정과 성실함에서 본보기가 된다

하나님 말씀에 기초한 서원 기도임을 기억한다

1,000일 작정기도를 결심하고 선포하면, 난감한 일을 만나기도 하고 예고 없이 찾아오는 아픔과 상처로 인해 도저히 강단에 설 수 없는 상황이 찾아오기도 한다. 성도들의 모범이 돼야 할 목회자가 힘든 상황이라고 무릎을 꿇을 수는 없다. 그래서 목회자가 가져야 할 자세는 평신도보다 더 신중하고 더 견고해야 한다. 1,000일 작정기도의 특징은 나 자신이 스스로 기도의 올무를 만들어 주님의 은혜와 사랑 안에서 쉽게 빠져나올 수 없도록 꽁꽁 묶이는 것이다. 중요한 것은 한 번 결심한 것으로 끝까지 묶여 있기가 쉽지 않다는 점이다. 반드시 하나님 말씀을 강단이나 책상 앞에 붙여 놓고 날마다 보고 또 보며 의지를 키워나가야 한다.

솔로몬의 일천 번제의 수고와 그에 따르는 축복을 생각해야 한다. 다윗과 다니엘이 하루 세 번씩 기도해 위기를 극복하고 연단을 통과한 후 왕위에 오르고 더욱 존귀하게 된 것을 생각해야 한다. 또 베드로와 요한이 구약 시대의 기도 관습에 따라 정해진 기도 시간에 기도하러 가다가 앉은뱅이를 일으키는 일꾼이 된 것을 생각하며, 기도의 근거를 확실히 붙잡고 전진해야 한다. 또 한 가지 가슴에 담아 두어야 할 것은 하나님께 서원하고 작정한 기도회이니 만큼, 사람의 생각으로 쉽게 중단하거나 파기해서는 안 된다는 것이다.

> 지존하신 이에게 네 서원을 갚으며 (시편 50:14)

지극히 높으신 하나님께 작정하고 서원한 것을 지켜 갚아드리고자 할 때는 이 말씀을 기억하면 좋다.

> 환난 날에 나를 부르라 내가 너를 건지리니 네가 나를 영화롭게 하리로다 (시편 50:15)

변함없이 기도할 때 하나님은 어떤 어려움도 통과하게 도와주시고, 또 주님의 뜻을 따라 구하는 것들을 응답 받게 하신다.

9장. 1,000일 작정기도회 – 목회자의 자세

기도는 교회의 온 지체가 끝까지 깨어있는 길이다

신학교 때 같이 기도하며 공부했던 친구 중 지방에 사는 목회자가 있는데 몇 년 전에 이런 말을 했다.

"강 목사, 고백할 게 있네. 지방에 와서 목회하다 보니, 영적으로 침체돼서 혼자 일어날 수가 없게 됐네. 나를 위해 기도해 주시오."

이 얼마나 솔직한 영적 고백인가. 많은 목회자가 신학교 때 울고 불고 금식하며 철야하던 열정으로 목회 현장에 뛰어드는데, 어느새 여유가 생기자 기도의 줄을 놓쳐버리고 자기 자신도 관리가 안 될 만큼 나태해지고 무기력해지고 만다. 처음에는 '내가 이러면 안 되지, 이러다간 큰일 나지' 하는 생각도 하지만, 시간이 더 지나면 그런 마음조차도 사라지고 만다. 그저 하루하루를 때우듯이 지내기 십상이다. 주님이 그렇게 살라고 우리를 목회자로 부르신 게 아니다.

단도직입적으로 말해 목회자나 사모가 기도 안 하고 가라앉아 있으면, 그 교회와 성도는 다 같이 영적으로 침몰하고 마는 것이다. 살아계신 하나님이 기도 없는 종들에게 은혜를 주고 복을 주고 멋진 도구로 사용하실 리 없다. 하나님은 불꽃같은 눈길로 감찰하시는 분이므로, 절대로 속지 않으신다. 양들을 뺏어 깨어있는 교회에 보낼 것이고, 양들을 훑어서 그 양들을 끌어안고 눈물 흘리는 목회자에게 보내실 것이다.

목회자와 교회, 성도들이 사는 길은 최우선으로 기도의 무릎을 꿇어 영적으로 깨어있는 것이다. 목회자와 사모가 기도하는데, 성도들이 기도를 하지 않을 수 있겠는가. 목회자와 사모가 기도의 무릎을 꿇는 것만큼, 교회와 성도들이 깨어 순종하게 될 것이다. 죽은 물고기가 물결 따라 이리저리 떠밀리다 물가에 쌓여 있는 것을 본 적이 있을 것이다. 목회자와 사모와 성도들이 잠들어 있으면, 그 교회는 영적으로 죽은 고기와 같다. 죽은 물고기는 세상 물결을 거슬러 올라가지도 못하고, 세상과 육체와 죄악을 따라 이리저리 휩쓸려 떠내려가다 결국은 파멸하고 만다. 육신적으로 편한 길과 쉬운 길만 찾다 낭패당하지 말고, 좁은 길이 곧 흥하는 길임을 명심해야 한다.

9장 1,000일 작정기도 – 목회자의 자세

어떤 일이 있어도 사탄에게 항복하지 않는다

사탄은 승리와 축복의 젖줄인 작정기도를 멈추게 하려고 갖가지 수단을 다 동원한다. 성도 개인에게 견디기 힘든 시험을 줘서 기도를 중단시키거나, 기관이나 부서를 공격해 여러 사람을 시험에 빠뜨린다. 교회 전체를 어수선하게 흔들어 기도의 흐름을 막고, 기도의 열기를 가라앉혀버린다. 더 심한 공격은 개인이나 기관의 사사로운 문제를 확산시켜 치명적인 상처를 입힌다. 목회자 스스로 일어나지 못할 정도의 공격을 받으면, 기도회가 중단될 수도 있기에 영적 분별력을 놓치지 말아야 한다. 문제는 문제이고 작정기도는 작정기도인 것이다. 결코 멈추면 안 된다. 사탄은 우리 앞에 갖가지 장애물을 쳐놓고, 거기에 걸려들기만을 기다리고 있다. 사탄의 작전에 휘말리거나 속으면, 제대로 싸워보지도 못하고 무너지거나 사탄의 조롱거리가 되고 만다. 죽음을 맞이하는 일 외에는 기도를 멈추거나 도중하차해서는 안 된다.

> **9장 1,000일 작정기도회 - 목회자의 자세**

기도의 입을 넓게 열고 인내하며 기다린다

기도는 하나님과의 대화요, 영적 호흡이요, 응답의 통로이다. 작정하고 기도할 땐, 처음부터 입을 넓게 열어야 꿈도 커지고 마음의 그릇도 커진다.

> 네 입을 크게 열라 내가 채우리라 (시편 81:10)

입을 크게 열어야 믿음의 분량이 커지고, 기도의 분량이 쌓인 만큼 하나님이 채우신다. 지금의 내 형편과 지금의 교회 모습만 생각하지 말고, 채워주실 하나님이 얼마나 위대하고 부요하시며 크신 능력의 소유자이신지 믿음으로 바라봐야 한다. 하나님은 반드시 때가 되면 구한 대로 주시는 분이다.

하루에 세 번씩 기도회로 모이면, 처음에는 성도들이 좋아하고 출석률이 높다. 하지만 시간이 지나면 타성에 젖고, 시험이라도 만나면 추풍낙엽처럼 떨어진다. 그때마다 목회자는 마음이 상하고 가슴이 저려온다. 처음에는 맥없이 주저앉고 항복해 버리는 성도들의 모습이 항상 시험거리였다. 그러나 기도회가 거듭될수록 내 마음도 달라졌다. 성도들은 얼마든지 그럴 수 있다. 성도들이 품고 있는 사명감이 목회자와 같을 수 없고, 믿음의 분량 또한 같을 수 없기 때문에 이해할 수 있다. 기도 시간에 빈자리가 보여도 오늘 올 사람은 다 왔고, 주님이 보낼 사람은 다 보내셨다는 생각으로 마음 편하게 진행한다. 늘 담담하게 기다리는 동안 성도들도 자라고, 교회도 성장하며, 작정기도에 탄력이 생긴다. 작정기도는 인도하는 목회자에게 멋진 훈련의 기회이다. 설교 훈련의 기회, 기도 훈련의 기회, 인격이 다듬어지는 기회, 가슴을 넓히고 인내하는 기회이다. 많이 인내할 때 시험은 금방 지나가고, 은혜의 불길이 다시 타오른다.

9장

1,000일 작정기도회 – 목회자의 자세

기도로써
목회 비전을 받고,
그 성취를 위해
기도한다

　기도 없는 목회자와 교회는 확고한 비전을 붙잡지 못한다. 기도가 없는데 감동이 있을 리가 없고, 비전을 받을 일도 없다. 감동과 비전은 하나님이 주시기 때문이다. 처음에는 필요한 것만 구하기 쉬운데, 계속 기도하다 보면 하나님이 주시는 비전을 품게 되고, 그때부터는 주신 비전을 이뤄드리기 위해 더 힘써 기도하게 된다. 모세를 부르시고 민족 구원의 비전을 주신 하나님, 바울을 부르시고 세계 선교의 비전을 주신 하나님이시다. 우리를 종으로 부르실 때는 그냥 부르신 게 아니다. 우리에게 막중한 일을 맡기시려고 부르셨다. 기도하면 하나님은 우리에게 비전을 주시고 큰일을 이뤄주실 것이다.

9장

1,000일 작정기도회 - 목회자의 자세

기도의 열정과 성실함에서 본보기가 된다

지금까지 기도회를 인도하면서 가장 많이 후회한 부분이 있다면, 더 많이 위로하지 못하고 더 많은 사랑으로 품지 못했다는 것이다. 목회자는 예배 시간에 당연히 바르게 말씀을 선포하고 바르게 가르치려 한다. 그래서 때론 책망도 하나님이 인정하고 기뻐하시는 사역이다. 그러나 기도회 때마다 목회자가 책망한다면, 듣는 성도들의 입장에서는 매일 어깨가 무거워진다. 그러다 보면 점점 기도회 참석에 부담감이 생기고, 결국엔 이런 핑계 저런 핑계로 빠지게 된다. 그러므로 아예 창세기부터 강해하든 성경을 한 권씩 강해하든, 짧고 간단한 위로와 소망을 전해야 한다.

성도들을 양육할 땐 직언이나 책망보다 사랑으로 품는 것이 훨씬 더 아름답고 좋은 열매를 맺는다는 사실을 가슴에 담아둬야 한다. 40년 동안 광야에서 이스라엘 민족을 이끌었던 모세가 죽고 난 후 하나님은 모세의 후계자로 여호수아를 지명했다. 여호수아가 자기 민족을 이끌 때 모세가 했던 대로 기도와 믿음으로 감당하는 것을 보셨기 때문이다. 우리 교회에서 훈련받는 신학생들이나 성도들을 보면, 나와 기도의 자세까지 닮아가고 있다. 가끔 농담 삼아 나중에 단독 목회를 하면 무엇부터 하겠느냐고 물으면, 1,000일 작정기도부터 시작하겠다고 말한다. 성도들은 목회자가 하는 대로 본받고 따라오기 쉽다. 따라서 목회자는 쉽게 요동하거나 가볍게 행동하지 말고, 묵묵히 무릎으로 앞서 나가는 모범을 보여야 한다.

10장

1,000일 작정기도회, 평생 작정기도회가 되다

1. 하나님 중심으로 살아야 한다
2. 교회 중심으로 살아야 한다
3. 성경 중심으로 살아야 한다
4. 창조 신앙을 가져야 한다
5. 구속사적 신앙을 가져야 한다
6. 종말론적 신앙을 가져야 한다
7. 주일 성수에 철저해야 한다
8. 십일조, 감사 등 헌금 생활을 해야 한다
9. 힘 있고 능력있는 기도 생활을 지속해야 한다
10. 큰 꿈을 가져야 한다
11. 영육 간의 성결을 위해 세상과 짝하지 않아야 한다
12. 가계의 흐름을 분별하고 대처해야 한다
13. 순종의 사람으로 살아야 한다
14. 직분과 사명에 충성하며, 하나님의 통로가 되는 삶을 살아야 한다
15. 하나님의 주권적인 영역을 범하지 말아야 한다
16. 선교에 힘쓰는 적극적인 헌신자로 살아야 한다
17. 성전을 세워드리기에 힘써야 한다
18. 봉사는 일등으로, 예우는 꼴찌로 받겠다는 믿음을 가져야 한다
19. 거둘 때를 바라보며 열심히 심어야 한다
20. 하나님이 쓰실 그릇이 되도록 준비해야 한다

1. 하나님 중심으로 살아야 한다

각 교단마다 제각각의 교리적 특성을 가지고 있다. 그래서 성경을 벗어나지만 않는다면, 각 교단의 교리에 대해서는 서로 인정하고 존중한다. 중요한 건 교리의 차이점과는 별개로 모든 성도는 철저하게 하나님 중심의 신앙생활을 해야 한다는 것이다.

> 예수께서 이르시되 네 마음을 다하고 목숨을 다하고 뜻을 다하여 주 너의 하나님을 사랑하라 하셨으니 이것이 크고 첫째 되는 계명이요 (마태복음 22:37-38)

하나님을 섬길 때 마음과 목숨과 뜻을 다하라고 하신 말씀은 성도들이 이 땅에 살 동안 하나님을 섬기되 삶 전체를 드려 섬기되 목숨까지 드릴 각오로 섬기라는 것이다. 결국 하나님의 백성들은 철저하게 하나님 중심으로 신앙과 삶을 엮어가야 한다는 것이다. 구약 시대에 이스라엘 민족이 광야에서 40년을 지내는 동안 하나님은 성막 위에 구름 기둥으로 나타나셔서, 하나님 자신이 친히 이스라엘 백성들과 함께하고 계심을 보이셨다. 그래서 하나님의 사자가 움직이면 구름 기둥이 움직였고, 이스라엘 백성 전체가 이동했다.

> 이스라엘 진 앞에 가던 하나님의 사자가 그들의 뒤로 옮겨 가매 구름 기둥도 앞에서 그 뒤로 옮겨 (출애굽기 14:19)

광야 사십 년 동안에 있었던 이 영적인 법칙은 하나님 자신이 자기 백성들을 이끌고 계심을 나타내신 것이고, 하나님의 백성들은 철저하게 하나님 중심으로 살아야함을 알려 주는 영적인 행군이었다. 하나님이 창세전에 예정하시고 선택하사 부르신 성도들은 40년 동안 성막을 가운데 두고 12지파가 지낸 것처럼, 하나님을 중심으로 한 신앙과 삶의 길을 걸어갈 때 반드시 축복이 따르게 될 것이다.

2. 교회 중심으로 살아야 한다

성경의 흐름을 보면 구원의 역사는 분명하게 교회 중심으로 움직인다. 창세기(6:5절)에 기록하기를, 하나님 보시기에 사람의 죄악이 관영하고 그 마음의 생각과 계획이 항상 악함을 보시고는 세상을 심판하시기로 작정하신다. 그래서 하나님은 노아에게 명해 방주를 짓게 하신다(창세기 6:14). 그리고 120년 후 하나님이 세상을 물로 심판하실 때, 방주에 들어간 노아의 식구들과 짐승들만 죽음을 면하고 살아남게 된다. 이 노아의 방주가 교회의 예표요 그림자이다.

출애굽기(25:8)에 보면, 하나님이 이스라엘 백성을 출애굽시킨 후 광야에서 모세에게 성소를 지으라고 명령하신다. 이 성소는 이스라엘 민족이 광야 40년 동안 하나님께 제사 드리고 죄 사함을 받는 곳으로서, 이동식 성전이었다. 그리고 12지파의 중심에 성막이 있었던 것은 하나님의 모든 백성은 반드시 교회를 중심해서 살아야 한다는 의미이다. 가나안 입성 후 솔로몬이 건축한 솔로몬 성전 역시 이스라엘 민족의 영육 간 삶의 중심이 됐다. 후에 바벨론 포로로 끌려가서도 회당을 세우고 회당을 중심해서 하나님께 예배를 드렸다. 하나님의 손길을 갈망하고 다시 돌아 올 것에 대한 꿈과 소망을 버리지 않기 위해서이다. 역시 교회 중심으로 모이는 삶은 승리한 역사의 산 증거가 된다. 요한계시록(21:2)에 보면, 주님의 재림 이후에 거룩한 성인 새 예루살렘이 준비돼 있어, 우리가 영원히 하나님을 섬기고 찬양할 천상의 교회가 있음을 알려주고 있다.

성도들의 신앙과 삶은 창조 이후부터 예수님 재림 이후의 영원한 세계까지 준비돼 있는 교회 중심으로 예배하고 섬기고 살아야 함이 분명하다. 어떤 경우에라도 무교회주의에 빠진다거나 교회가 아닌 다른 단체나 모임이 신앙의 중심이 되면 안 된다. 교회 중심의 신앙생활을 벗어나면, 유혹의 손길이 수없이 기다리고 있다. 거짓 목자가 영혼을 돈으로 보고 낚아채려 기다리고 있거나, 이단들이 영혼을 파멸시키기 위해 빛으로 가장한 천사의 모습으로 엎드려 있다. 올바른 교리와 목회자가 있는 교회를 중심으로 신앙생활을 해야 은혜 중에 축복된 역사가 따르게 된다.

3. 성경 중심으로 살아야 한다

신앙생활은 하나님이 선지자들과 사도들에게 계시하고 기록하게 하신 성경 말씀을 기초해서 살아야 한다. 신앙생활이 철학이나 어떤 사상을 따른다거나 개인적인 체험에 의존하면, 신앙의 기초가 약해져 무너질 위험이 크다.

> 또 네가 어려서부터 성경을 알았나니 성경은 능히 너로 하여금 그리스도 예수 안에 있는 믿음으로 말미암아 구원에 이르는 지혜가 있게 하느니라 모든 성경은 하나님의 감동으로 된 것으로 교훈과 책망과 바르게 함과 의로 교육하기에 유익하니 이는 하나님의 사람으로 온전하게 하며 모든 선한 일을 행할 능력을 갖추게 하려 함이니라 (디모데후서 3:15-17)

성경만이 성령 하나님의 감동으로 기록된 책이고, 구원에 이르도록 이끄는 책이며, 바른 교훈과 책망과 바르게 함과 의로 교육하기에 조금도 부족함이 없는 책이다. 또 성도들로 하여금 하나님의 사람으로서 부족함이 없도록 온전케 하시며 모든 선한 일을 행하기에 온전케 하는 책이다. 그래서 반드시 성경에 기록된 하나님 말씀 중심으로 신앙생활을 시작하고 성장해야 열매를 맺는다.

　이스라엘 민족이 애굽에서 벗어나 광야 생활을 할 때, 하나님이 모세를 통해 자기 백성들에게 준 것이 십계명이다. 십계명은 하나님이 자기 백성들을 다스리고 이끄시는 객관적인 말씀이었다. 이 말씀을 통해 자기 백성들로 하여금 하나님 자신을 섬기고 순종해서 살도록 했고, 또 축복을 받아 누리게 하셨다. 반면에 하나님이 주신 계명을 지키지 않고 불순종했을 때는 가차 없는 심판이 주어졌다. 불순종과 원망의 결과, 광야에서 죽은 자가 **599,998**명이었다. 하나님은 그만큼 자기 백성들을 말씀인 율법 안에서 이끌어 가셨고 다스리셨다. 또 이스라엘 민족이 광야 생활을 마감하고 가나안 땅에 입성하기 전, 하나님은 모세를 통해 다시 율법을 선포하고 상기시켰다. 가나안 땅에 들어가서도 절대로 우상 숭배하는 원주민이나 우상 숭배하는 행위에 대해 혼합되지 않도록 당부하고 또 당부하셨다.

> 네가 그 땅에서 아들을 낳고 손자를 얻으며 오래 살 때에 만일 스스로 부패하여 무슨 형상의 우상이든지 조각하여 네 하나님 여호와 앞에 악을 행함으로 그의 노를 일으키면 내가 오늘날 천지를

불러 증거를 삼노니 너희가 요단을 건너가서 얻는 땅에서 속히 망할 것이라 너희가 거기서 너희 날이 길지 못하고 전멸될 것이니라 (신명기 4:25-26)

그만큼 하나님의 유일 신앙과 말씀으로 무장시키셨다.

네가 네 하나님 여호와의 말씀을 삼가 듣고 내가 오늘날 네게 명령하는 그의 모든 명령을 지켜 행하면 (신명기 28:1)

말씀 중심으로 삼가 잘 듣고 지켜 행하며 순종하면, 들어가도 복을 받고 나가도 복을 받는다고 하셨다. 또 땅의 소산과 짐승과 떡 반죽 그릇까지 복을 받는 자리에 서게 된다.

4.
창조 신앙을 가져야 한다

성도들이 창조 신앙을 가져야 하는 것은 신앙 입문의 지극히 중요한 단계이다. 하나님이 자신을 계시하실 때, '우주 만물을 내가 말씀으로 만들었노라', '사람도 내가 지었노라'는 말씀부터 시작해 하나님 자신의 존재를 나타내셨다. 창조 신앙은 신앙의 첫걸음으로써 매우 중요하다.

태초에 하나님이 천지를 창조하시니라 (창세기 1:1)

창조주이신 하나님은 이렇게 자신을 계시하셨다.

여호와 하나님이 흙으로 사람을 지으시고 생기를 그 코에 불어넣으시니 사람이 생령이 되니라 (창세기 2:7)

우리 인간을 창조하신 분이 하나님 자신임을 가르쳐주신다. 이처럼 하나님이 우주 만물과 인간을 창조했다는 사실을 믿을 때, 하나님이 절대자요, 우주 만물의 주인이요, 통치자요, 주관자이심을 믿게 된다. 비로소 하나님 한 분만 섬기고 사는 유일신 신앙을 갖게 되는 것이다. 뿐만 아니라 창조 신앙은 우리에게 청지기 의식을 분명히 고쳐시켜 준다. 우리가 이 땅에서 관계를 맺고 살아가는 모든 것이 하나님의 것이고, 생명 또한 하나님의 것임을 알게 하신다. 더 나아가 이 땅에 사는 삶 자체가 잠시 맡아 관리하는 청지기의 삶임을 깨닫게 하신다.

창조 신앙을 명확히 알고 있으면, 삶의 현장에서 시간과 장소에 관계없이 하나님의 위대하심과 일하심을 보고 듣고 느끼게 된다. 한낮에 내리쬐는 찬란한 태양을 바라봐도, 한밤중에 떠 있는 달과 별을 바라봐도, 길가에 핀 꽃들과 풀 한 포기를 바라 봐도, 이들을 만드신 하나님의 위대하신 손길과 섭리를 찬양하게 된다. 이미 대기 오염과 수질 오염은 심각한 상태에 와 있다. 이런 문제들의 뿌리는 자연의 창조주에 대한 경외심 부족, 창조주의 기본 섭리에 대한 역행, 그에 따른 불순종에서 나온다. 하나님의 세계를 인간이 파괴하고 훼손하고 오염시켜 나타난 결과이다. 하나님이 우주 만물을 지으신 것에 대한 확고한 믿음을 가질 때, 범사에 하나님을 인정하게 된다. 그리고 이 하나님의 위대하심을 찬양할 때, 은혜와 복이 주어진다.

5. 구속사적 신앙을 가져야 한다

구속사적 신앙이란 죄로 인해 타락하고 사망에 처한 인간을 구원하시기 위해 하나님이 독생자 예수를 이 땅에 보내시고, 인간의 죄를 짊어지고 십자가에 죽게 하사 죄인들을 구원하신 역사적 사실을 믿는 믿음을 말한다. 성경은 그 전체의 내용이 구원의 역사에 관한 이야기이다.

> 내가 너로 여자와 원수가 되게 하고 네 후손도 여자의 후손과 원수가 되게 하리니 여자의 후손은 네 머리를 상하게 할 것이요 너는 그의 발꿈치를 상하게 할 것이니라 (창세기 3:15)

여자의 후손인 예수 그리스도가 이 땅에 오셔서 사탄의 머리를 상하게 한다는 말씀은 예수님이 이 땅에 오신다는 예언이다. 또 십자가에 못 박혀 죽으시고 택한 백성들의 죄를 담당하사 궁극적으로 승리하신다는 약속이다. 이 내용이 구속사적인 구약 전체의 요지다.

> 아들을 낳으리니 이름을 예수라 하라 이는 그가 자기 백성을 그들의 죄에서 구원할 자이심이라 하니라 (마태복음 1:21)

수천 년의 구약 시대가 지나고 신약 시대가 도래했을 때, 예수님의 탄생에 대한 예고가 먼저 기록돼 있다. 이 말씀에서 중요한 것은 하나님의 아들이신 예수님이 이 땅에 오시되, 자기 백성을 죄에서 구해내는 구원자로 오신다는 것이다. 이 구절이 신약 성경의 요절인 동시에 구약 시대와 신약 시대를 연결하는 구속사의 연결 고리이기도 하다.

> 하나님이 세상을 이처럼 사랑하사 독생자를 주셨으니 이는 그를 믿는 자마다 멸망치 않고 영생을 얻게 하려 하심이라 (요한복음 3:16)

결국 신구약 성경은 하나님이 인류를 구원하시기 위해 예수님을 이 땅에 보내시고, 우리 죄를 짊어지고 대속의 죽음을 죽게 하사, 택한 백성들을 죄와 사망에서 구원하시는 구원의 역사로 기록돼 있다. 예수님의 죽으심과 예수님의 부활은 구속사에 있어서 빼놓을 수 없는 양대 산맥이다. 예수님이 우리 죄를 짊어지고 십자가에 죽으셨기에, 우리는 모든 죄를 용서받고 하나님 앞에서 법적인 의인이 됐다. 후에 예수님의 부활을 통해 다시 살고 영원히 살 것을 확증하게 된다.

> 그러나 이제 그리스도께서 죽은 자 가운데서 다시 살아나사 잠자는 자들의 첫 열매가 되셨도다 (고린도전서 15:20)

이 말씀은 예수님의 죽으심과 부활이 인류 구원 역사의 핵심임을 증명한다. 모든 성도는 반드시 구속사적 신앙을 가져야 하고 구속사적 신앙에 있어서 요동함이 없이 견고할 때 구원도 견고하고 내세도 보장받게 되는 것이다. 혹 잘못된 십자가에 대한 신학 사상을 내세우는 민중 신학이나 해방 신학이 주장하는 자들의 사상을 따르지 말아야 한다. 예수님의 육체적 부활을 부인하는 신학 사상을 철저히 배제해야 된다. 예수님이 십자가에 죽으셨기에 내 죄가 용서받았고, 예수님이 삼 일 만에 육체적으로 부활하셨기에 내 육체도 부활한다는 단순하고도 분명한 신앙으로 무장돼 있어야 한다. 그래야 구원의 복을 받아 누리는 성도로 살아갈 수 있다.

6. 종말론적 신앙을 가져야 한다

　　종말에는 두 가지 실제적인 개념이 있다. 먼저는 개인이 맞이하는 종말로서, 하나님이 주신 영혼이 육체를 떠날 때 찾아오는 죽음을 말한다. 또 하나는 하나님이 택하신 백성들이 다 구원받는 자리에 들어왔을 때, 예수님의 재림으로 말미암아 일어나는 우주적 종말이다. 우리는 성경에 기록된 이 두 가지 종말에 대한 신앙을 가져야 한다. 그래야 개인적 죽음에 대한 올바른 인식을 갖게 되고, 죽음 이후의 삶에 대한 소망도 가질 수 있다. 특히 성도들이 개인적 또는 우주적으로 다가올 종말에 대한 신앙이 확고하면 영적으로 깨어있는 사람이므로 모든 영적인 삶에 최선을 다할 것이다. 자신의 죽음이 오늘일 수도 있다는 의식이 있으면, 어떻게 예배 생활을 등한시하고 기도 생활을 등한시하며 주님 앞에 설 때 상 받을 일에 대해 등한시하겠는가. 우리 예수님은 상급에 대해 종종 말씀하셨다.

> 보라 내가 속히 오리니 내가 줄 상이 내게 있어 각 사람에게 그가 행한대로 갚아 주리라 (요한계시록 22:12)

주님은 택한 백성들에게 구원의 은혜만 베푸신 것이 아니다. 자기 백성들이 본향인 천국에 이를 때 그냥 맞이하지 않으시고, 각자가 수고한대로 상급을 준비하신다. 그래서 사도 바울은 생명을 걸고 전도하고 선교했다. 또 수많은 교회를 세우고, 수많은 영혼을 주님께로 인도했다.

> 나는 선한 싸움을 싸우고 나의 달려갈 길을 마치고 믿음을 지켰으니 이제 후로는 나를 위하여 의의 면류관이 예비되었으므로 (디모데후서 4:7-8)

바울의 삶은 죽음 이후 주님 앞에 이르렀을 때의 받을 상에 초점을 맞추고 있음을 알 수 있다. 그래서 종말론적인 신앙으로 무장돼 있으면, 이 땅에 사는 동안 하늘의 시민으로서 당당해질 수 있다. 유한한 땅의 것을 들어 무한한 하늘의 삶을 준비하고, 썩어질 육신의 것으로 썩지 아니할 영원한 삶을 준비하며, 항상 깨어 준비하는 성도로 살게 된다. 물론 현실에서의 삶도 최선을 다해 살아야하지만, 종말론적 신앙의 결과는 더 복되다.

7. 주일 성수에 철저해야 한다

하나님의 자녀 된 성도들에게 주일 성수를 온전히 하는 것은 예수님을 믿고 구원받은 증표요, 하나님의 자녀 된 증거이기도 하다. 하나님은 모세를 부르셔서 이스라엘 백성을 애굽에서 이끌어 내라는 사명을 주셨다.

> 우리가 우리 하나님 여호와께 제사를 드리려 하오니 사흘길쯤 광야로 가도록 허락하소서 하라 (출애굽기 3:18)

여기서 여호와께 제사를 드린다는 말은 구약 시대에 짐승을 잡아 각을 뜨고 불에 태워 드리는 제사를 뜻한다. 오늘날 하나님께 드리는 주일 예배를 말한다. 결국 출애굽은 오늘날 주일 성수를 통한 예배를 위한 사건인 것이다. 출애굽기(16:23)에 보면, 하나님이 십계명을 통해 안식일을 지키라고 명령하시기 전, 이미 안식일을 지키도록 이끄셨다. 먹을 음식도 미리 하루 전날에 준비하도록 하셨다. 그 후 안식일을 기억해 거룩히 지키라고 명령(출애굽기 20:8)하심으로써, 하나님의 뜻을 다시 한번 확인시켜 주셨다.

　예수님을 믿는 사람은 주일을 예배드리는 날로 알고 살게 된다. 이 말을 바꾸면 주일을 지키고 예배드리는 사람은 예수님을 그리스도로 믿는 믿음을 가지고 있다는 뜻이다. 그래서 예수님을 알지 못하던 사람들이 예수님을 영접하고 신앙생활을 하면, 예배부터 드리기 시작한다. 어떤 이는 구역 예배부터 참석하고, 주일 낮 예배부터 시작하는 이도 있으며, 수요 예배나 주일 밤 예배부터 참석하는 사람도 있다. 이렇게 해서 믿음이 자라면 절대로 타협하거나 변질될 수 없는 신앙의 영적 기둥이 세워진다. 신앙생활의 가장 중요한 것은 주일을 거룩히 지키는 것이다. 하나님이 모세를 통해 자기 백성들에게 십계명을 주실 때, 제4계명에서 안식일을 거룩히 지키라고 말씀하셨다.

> 안식일을 기억하여 거룩하게 지키라 엿새 동안은 힘써 네 모든 일을 행할 것이나 일곱째 날은 네 하나님 여호와의 안식일인즉 너나 네 아들이나 네 딸이나 네 남종이나 네 여종이나 네 가축이나 네 문안에 머무는 객이라도 아무 일도 하지 말라 이는 엿새 동안에 나 여호와가 하늘과 땅과 바다와 그 가운데 모든 것을 만들고 일곱째 날에 쉬었음이라 그러므로 나 여호와가 안식일을 복되게 하여 그 날을 거룩하게 하였느니라 (출애굽기 20:8-11)

하나님은 이렇게 철저히 요구하시고도 마음이 놓이지 않으셨는지 다시금 강한 어조로 말씀하셨다.

> 너희는 안식일을 지킬지니 이는 너희에게 거룩한 날이 됨이니라 그날을 더럽히는 자는 모두 죽일지며 무릇 그 날에 일하는 자는 모두 그 백성 중에서 그 생명이 끊어지리라 … 안식일에 일하는 자는 누구든지 반드시 죽일지니라 (출애굽기 31:14-15)

또 출애굽기(31:16)에서는 안식일로 하나님이 자기 백성들과 대대로 영원한 언약을 삼으시겠다고 말씀하신다. 신약 시대에 예수님이 공생애 사역을 시작하실 때, 바리새인들이 예수님과 제자들을 책잡고자 안식일을 문제 삼아 공격했다. 그때 예수님은 이렇게 말씀하셨다.

> 이러므로 인자는 안식일에도 주인이니라 (마가복음 2:28)

예수님이 공생애 사역을 하시는 동안에도 안식일은 철저하게 지켜졌다. 예수님이 죽으신 지 3일 만에 부활하신 생명과 승리의 날이 안식 후 첫날 주일이다. 그러므로 예수님의 부활 승천 후에는 주일을 안식일의 꽃이요, 열매요, 실체로서 지키고 있다. 주일 성수는 예수님의 재림 때까지 죄 사함의 은혜와 다시 사는 부활 생명의 감격으로 거룩히 지켜질 것이다.

이렇게 하나님이 정하신 날을 지킬 때 받는 축복은 시편 92편에 나타나 있다. 시편 92편은 안식일 찬송인데, 안식일을 지키면서 의롭게 사는 의인은 종려나무같이 번성할 것이며, 하나님의 궁정에서 흥왕할 것이며, 진액이 풍족하고 빛이 청청할 것이라고 약속하셨다.

> 내가 너를 땅의 높은 곳에 올리고 네 조상 야곱의 기업으로 기르리라 (이사야 58:14)

이 말씀은 하나님이 안식일을 잘 지키는 자에게 존귀와 거부의 삶으로 복을 주시겠다는 약속이다. 주일을 잘 지켜 하나님의 성호를 높이는 성도들은 하나님이 예비하신 큰 복을 받아 누릴 수 있다.

8. 십일조와 감사 등 헌금 생활을 해야 한다

 신앙생활에서 구원은 하나님의 주권적인 예정이요, 선택에 의한 은혜요, 복이다. 그러나 이 외에도 주님 안에서의 축복은 심은 대로 거둔다는 원리가 철저하게 적용된다. 고린도후서(9:6)에서는 적게 심은 자는 적게 거두고 많이 심는 자는 많이 거둔다고 기록돼 있다. 물질을 심으면 물질을 거두고, 기도를 심으면 응답과 깊은 은혜의 열매를 거둔다. 또 봉사를 심으면 건강의 복과 삶에 도우심의 복을 받는다. 흩어 구제하면 넉넉함의 복과 내가 어려울 때 도움의 손길을 얻는 복이 임한다. 전도의 씨앗을 뿌리면 천하보다 귀한 영혼의 열매를 거둘 뿐 아니라, 하늘에서 별과 같이 빛나는 존재요 영원한 기쁨과 영광의 복이 임하게 된다. 그중에서도 풍성한 복을 받아 누리려면, 먼저 십일조가 온전히 드려져야 한다.

> 만군의 여호와가 이르노라 너희의 온전한 십일조를 창고에 들여 나의 집에 양식이 있게 하고 그것으로 나를 시험하여 내가 하늘 문을 열고 너희에게 복을 쌓을 곳이 없도록 붓지 아니하나 보라 (말라기 3:10)

여기서 온전한 십일조의 의미는 곡식을 그릇에 담을 때 빈틈이 없도록 흔들어 꽉 채우거나 그릇에 곡식이 담겨질 최고치까지 붓는 것을 말한다. 그래서 십일조는 사람의 생각으로 빼거나 다른 곳에 쓸 수 없는 물질이다. 물질 수입이 생기면 먼저 정확하게 십분의 일을 구별해서 드려야 하고, 혹 마음에 하고 싶은 소원을 담아 드릴 때는 십의 이조나 십의 삼조를 드려도 하나님은 기쁘게 받으신다. 또는 물질이 필요하면 미리 십일조를 믿음으로 드리는 경우도 있다.

우리 가정은 주로 후자에 속한다. 물질이 있으면 십 분의 일이나 십 분의 이까지도 드리지만, 주실 것으로 믿고 미리 드리는 경우가 많다. 신기하게도 하나님은 이모저모로 역사하셔서 꼭 필요한 물질을 공급해 주신다. 물질이 많아도 감사하고 축복을 받은 것이다. 그러나 평생 물질에 부족함을 가지고 사는 삶이라도, 감사로 수용하면 여유와 평강을 누린다. 즉 하나님이 주시면 쓰고, 안 주시면 안 쓰면 된다.

이렇게 주님을 믿는 성도들은 먼저 주일 성수와 예배 생활이 열려야 하고, 그 다음은 물질이 빨리 열려야 한다. 특히 십일조 생활은 아예 신앙생활 초부터 습관을 들이면 좋다. 그래야 설교를 들을 때

막힘이 없고, 물질 때문에 시험 드는 일이 없다. 무엇보다 신앙 성장이 빠르고 곧게 자라는 복이 임한다.

그리고 감사 헌금은 매주 드려야 마땅하다. 그만큼 매주 하나님께 감사할 조건이 많다는 증거이기 때문이다. 믿음을 주서서 주일을 지키게 됨이 감사하고, 건강 주서서 봉사하니 감사하다. 가정과 가족을 지켜주서서 감사하고, 직장을 주서서 일하게 하심이 감사하다. 한 주간 먹고 마시며 숨 쉬고 살게 해서 감사하고, 드릴 물질을 주신 것에 대해 매주일 감사함이 마땅하다.

하나님은 즐겨 내는 자를 사랑하시느니라 (고린도후서 9:7)

건축 헌금이나 선교 헌금, 구제 헌금, 장학 헌금 등 드릴 수 있는 마음과 믿음만 준비돼 있다면, 최선을 다해 힘껏 드릴수록 좋다. 언젠가는 그 열매를 거두게 될 것이다.

눈물을 흘리며 씨를 뿌리는 자는 기쁨으로 거두리로다 울며 씨를 뿌리러 나가는 자는 반드시 기쁨으로 그 곡식 단을 가지고 돌아오리로다 (시편 126:5-6)

> 10장
> 1,000일 작정기도회, 평생 작정기도회가 되다

9.
힘 있고 능력 있는 기도 생활을 지속해야 한다

신앙생활의 기초요 뿌리인 말씀과 기도는 어느 한쪽으로 치우침이 없이 일평생 정성을 쏟아 가꾸고 무장해야 할 영적 두 기둥이다. 말씀이 우리 영혼의 영적 양식이라면 기도는 영적인 호흡이다. 육신적으로도 사람이 안 먹으면 힘이 없어 쓰러지고, 호흡도 안 하면 금방 숨을 거둔다. 영적인 세계에서도 이와 같다. 성도들이 성경 말씀을 읽고 듣고 지키지 않으면, 영적 양식의 고갈로 헤매다 결국 쓰러진다. 기도하지 않으면 영적 숨이 막혀 영적 생명이 없고, 활동력을 상실해 죽은 자와 같다.

나도 목회를 시작하고 지금까지 하루도 빠짐없이 목이 터져라 부르짖고 기도해왔지만, 조금만 기도 생활을 나태하게 하면 영적으로 금방 타격을 입는다. 사명감이 약화되고, 성령 충만함이 약해지며, 말씀 증거에 힘이 없고, 주님을 위한 봉사에 열정이 덜해진다. 그래서 쉬지 말고 기도하라(데살로니가전서 5:17)고 말씀하셨던 것이다. 기도 생활은 다른 일과 달라서 계속하면 기도에 능력이 있지만, 제대로 안 하면 기도하고 싶어도 입이 안 떨어지고 기도 줄이 잡히지 않는다. 머리로만 몇 마디 하거나 아무 힘이 없는 중언부언만 하다 그치게 된다.

> 내 이름으로 무엇이든지 내게 구하면 내가 행하리라 (요한복음 14:14)

누구든지 믿음 안에서 주의 이름으로 부르짖고 강청하면 반드시 응답이 따른다. 남다른 열정과 남다른 체험이 따르고, 남다른 은혜와 복을 받아 누리게 된다. 직장에 열심히 나가는 이유는 때가 되면 월급을 받는다는 믿음이 있기 때문이다. 하물며 우주 만물을 만드시고 이끄시는 전능하신 하나님이 기도하는 자에게 주시겠다고 약속하셨는데, 어찌 지체하시겠는가. 물론 기도 응답은 개인의 신앙이나 기도의 제목에 따라, 그 형태가 조금씩 다를 수는 있다. 즉시로 응답하셔서 마음에 확정을 지어주신다거나 문제가 풀리기도 하지만, 어떤 경우는 좀 더 기도하며 기다리라고 하실 때도 있다. 그러나 우리가 정욕이나 이기적인 목적으로 구하지 않고 주님의 영광을 위한 선한 목적을 가지고 기도하면, 반드시 응답의 열매를 거두게 된다. 겸손한 마음과 자세로 일평생 무릎 꿇는 성도와 종들은 영원히 빛날 승리자가 될 것이다.

10장 1,000일 작정기도회, 평생 작정기도회가 되다

10.

큰 꿈을

가져야 한다

성도들이 풍성한 축복을 받아 누리려면, 주님의 영광을 위한 거룩하고도 큰 꿈을 가져야 한다. 사람을 움직이고 성장시키고 큰 역사를 이루게 하는 것은 믿음 안에서 가지는 큰 꿈이다. 사람이 장래에 나타날 큰 축복의 역사를 바라보는 거룩한 꿈이 있으면, 자기를 움직이고 자기를 채찍질해서 부단히 노력하게 된다. 고난과 환난도 믿음으로 통과하면, 축복의 열매를 거두기도 하고 위대한 일을 행하는 사람이 된다.

창세기(37:5)에서 보면, 요셉이 꿈을 꿨다. 먼저 꾼 꿈은 요셉의 곡식 단이 일어서고 형들의 곡식 단은 요셉의 곡식 단을 둘러서서 절하는 꿈이었다. 그 뒤에 꾼 꿈은 해와 달과 열한 별들이 요셉에게 절하는 꿈이었다. 이 꿈의 내용인즉 먼 훗날에 요셉의 부모님과 형들이 자기에게 절하는 꿈으로서, 앞날에 요셉이 존귀한 자리에 앉고 만백성들로부터 절을 받는 사람이 될 것을 예고한 것이다.

하나님이 요셉의 꿈을 성취하는 과정에서 요셉은 죽음의 위기를 겪었다. 애굽의 종으로 팔려가 보디발 장군의 집에서 종살이를 했고, 보디발 장군 아내의 유혹을 뿌리치는 중에 누명을 쓰고 감옥에 들어가는 수욕과 아픔을 겪었다. 그러나 꿈이 있는 요셉은 어떤 상황에서도 죄를 짓지 않았고, 좌절하거나 비굴하지도 않았다. 오직 하나님을 바라보고 하나님의 눈길만을 의식했다. 믿음을 지키고 끝까지 인내한 결과, 하나님은 그의 나이 30세에 애굽의 총리가 되게 해주셨다. 하여 그의 꿈대로 부모 형제들이 자기에게 절하고 무릎 꿇는 일을 보게 하셨다. 큰 은혜와 축복을 바라보는 성도들은 말씀을 대하고 기도하는 중에 성령께서 각자의 마음 속에 강권하시고 소원하시는 바를 붙잡아야 한다. 또 그 꿈을 키우고 그 꿈을 이뤄드리기 위해 애쓰고 수고해야 한다.

> 10장 1,000일 작정기도회, 평생 작정기도회가 되다

11.
영육 간의 성결을 위해 세상과 짝하지 않아야 한다

　종말을 바라보는 이 지구촌은 말 그대로 죄악의 도성이 됐다. 음란과 타락과 부정부패가 횡행하고, 먹고 마시며 쾌락을 추구하는 현상이 두드러진다. 또한 살인, 강도, 절도, 마약 등 사회 윤리나 도덕적 규범이 통제 불능이 된지 오래이다. 중요한 것은 우리 교회와 성도들이 이런 세상 한가운데 같이 공존하고 있다는 것이다. 우리가 영원한 천국에 가기까지는 죄악으로 가득한 세상에서 떠나 살 순 없다. 그래서 우리의 영적인 무장과 결단이 필요하다.

> 간음한 여인들아 세상과 벗된 것이 하나님과 원수됨을 알지 못하느뇨 그런즉 누구든지 세상과 벗이 되고자 하는 자는 스스로 하나님과 원수 되는 것이니라 (야고보서 4:4)

참으로 중요하고도 무서운 경고의 말씀이다. 결국 세상과 벗하는 것이 하나님과는 원수가 된다는 말이다. 우리가 어찌 하나님과 등을 돌리고 원수로 살겠는가. 만약에 그렇게 산다면 정말 불행하고도 불쌍한 인생이다. 하나님이 우리를 등지고 하나님이 우리에게 원수 된 분으로 다가온다면, 어떠한 일도 어떠한 수고도 열매 없이 헛되이 끝나고 말 것이다. 그래서 세상과 짝하지 말아야 한다.

> 사데에 그 옷을 더럽히지 아니한 자 몇 명이 네게 있어 흰옷을 입고 나와 함께 다니리니 그들은 합당한 자인 연고라 (요한계시록 3:4)

주님은 사데교회 내에 믿음과 성결을 저버리지 않고, 박해 앞에 무릎 꿇지 않으며, 끝까지 세상과 타협하지 않고, 믿음과 거룩함을 지킨 자들 몇 명이 있음을 칭찬하신다. 저들에게 흰옷을 입히시고, 주님과 함께 다니시겠다고 약속하신다. 저들의 이름을 생명책에서 흐리지 않고, 하나님 앞과 그 천사들 앞에서 시인하시겠다는 말씀이다.

주님이 이토록 단호하게 말씀하시는 이유는 우리 성도들이 세상과 짝하면 주님을 멀리하게 되고, 더 심하면 아예 주님을 잊어버리거나 부인하는 자리에까지 이르기 때문이다. 또 한편으로는 믿음을 지키기 위해 죄와 싸우고 세상과 싸우고 마귀와 싸우는 성도들이 너무 귀하고 아름답고 소중하기에, 대단한 위로와 보상을 약속하시는 것이다. 종말의 때에 세상을 거슬러 산다는 것이 쉬운 일은 아니다. 하지만 그럴수록 말씀과 기도로 무장하여 하나님의 인정받는 성도가 되고, 존귀하고 능력 있게 쓰임 받는 성도가 되고, 하나님이 마음껏 축복하는 성도가 돼야 한다.

우리 하나님은 거룩하신 분이다. 불의와 허물이 조금도 없으시고 흠도 티도 없으신 분이시다. 이런 하나님을 영원한 영의 아버지이며 절대 주권자로 모시고 사는 성도들은 당연히 거룩한 모습이 삶으로 나타나야 하고 또 성숙해져 가야 한다.

> 하나님의 말씀과 기도로 거룩하여 짐이라 (디모데전서 4:5)

성결은 세상적인 학문과 기술로 되는 것이 아니다. 오직 하나님의 말씀과 끊임없는 기도를 통해 우리 자신을 일으켜 세워야 한다. 그래야 세상 것들을 끊고 육적인 것들을 이기며 극복하는 자리에 설 수 있다. 성결을 위해서는 온전한 회개를 이뤄야 한다. 성도들이라 하더라도 죄를 범하거나 허물이 있게 마련이다. 그럴 땐 죄책감에 사로잡히지 말고 빨리 회개하는 쪽을 선택해야 한다. 회개할 내용이 있을 때마다 결코 뒤로 미루거나 마음 속에 쌓아두지 말고, 즉시 회개하는 것이 성결을 이루고 유지하는 길이다. 교회에도 술, 담배, 화투장, 외도 등 세상 따라 흥청망청 사는 직분자들이 더러 있다고 들었다. 이 세대는 음란의 세대요, 이기주의와 물질만능주의가 팽배해 있는 세대이기 때문이다. 거룩한 하나님을 믿고 거룩한 하

하나님의 말씀을 좇아 살기를 원한다면, 믿음 안에서 성결한 삶을 끊임없이 추구해야 한다.

10장 1,000일 작정기도회, 평생 작정기도회가 되다

12. 가계의 흐름을 분별하고 대처해야 한다

성경 속의 인물 다윗은 우리아의 아내 밧세바를 범한 후 그의 남편까지도 전쟁터에서 죽게 함으로써 간접 살인죄까지도 범했다. 그는 이런 엄청난 죄를 범한 후 가슴을 치면서 기도했다.

> 내가 죄악 중에 출생하였음이여 어머니가 죄 중에서 나를 잉태하였나이다 (시편 51:5)

이 내용은 자기 어머니가 누구나 가지고 있는 원죄를 가진 중에 자기를 잉태하고 출산했다는 의미도 있지만, 다윗의 어머니가 다윗을 가지기 전에 이미 성적인 범죄와 연관이 있었을 것으로 추측할 수도 있다. 왜냐하면 다윗의 어머니 이름은 나오지 않지만, 다윗 어머니가 낳은 다윗의 이복누이 아버지 이름이 나하스이다. 다윗의

어머니는 다윗의 아버지 이새와 결혼하기 전에 이미 나하스와 결혼했을 것으로 추정할 수 있다. 그래서 다윗의 기도 속에 있는 어머니의 죄에 대한 언급이 원죄뿐만 아니라, 실제적으로 성적인 범죄와 연관이 있을 거라 생각하게 된다.

중요한 것은 다윗이 간음죄와 살인죄를 범한 것처럼, 그의 자녀들도 같은 죄를 범했다는 것이다. 다윗의 아들 암논이 자기 이복누이 동생인 다말을 강간해 근친상간의 죄를 범했다. 뿐만 아니라 다윗의 아들 압살롬은 자기 아버지를 대적해 싸웠고, 대낮에 아버지 다윗의 첩들을 범하는 죄를 범했다. 그리고 그 다음대인 솔로몬 대에 가서는 후비가 700명이고 첩이 300명이나 된 걸 알 수 있다. 솔로몬이 성적으로 타락한 성적 중독자로 살다가 그 다음 대에 가서는 나라가 둘로 나뉘는 아픔을 겪었다. 이처럼 다윗 왕의 가계에 흐르는 영적 기류가 얼마나 무섭고 현실적인가를 엿볼 수 있다.

실제로 우리 주변에도 가정마다 흘러 내려오고 있는 여러 가지 현실들이 있다. 어떤 가정은 가난으로, 또 어떤 가정은 특정한 질병으로, 또 어떤 가정은 사고나 사건으로, 또 어떤 가정은 단명으로, 또 어떤 가정은 불화나 이혼 등으로 나타난다. 20세기 초 윈쉽(Albert E. Winship)이라는 사람은 미국에서 유명한 두 가문을 비교 분석한 결과를 발표했다. 먼저 무신론자인 맥스 주크(Max Juke)는 불신자 여성과 결혼했다. 그 가문의 자손 560명의 삶을 추적해 봤다. 그중 310명이 거지였고, 150명이 범죄자였으며, 7명이 살인자였고, 100명이 알콜 중독자였다. 또 그 가문에 속한 여자들 중 절반이 몸을 파는 창녀들이었다. 이런 주크의 자손들은 미국 정부에 19세기 화폐 가치로 환산할 때 125만 달러 이상의 손해를 끼쳤다고 보고하고 있다.

다음은 조나단 에드워즈(Jonathan Edwards)의 가문으로 이 사람은 하나님을 경외하는 신실한 믿음의 소유자였다. 신앙이 깊은 여성과 결혼해 자녀를 낳고 그 뒤 1394명의 후손이 태어났다. 그중에서 295명이 대학을 졸업했고, 13명이 대학총장을 지냈으며, 65명이 대학교수가 됐다. 3명이 미국 의회의 상원의원으로 선출됐고, 3명은 주지사가 됐으며, 30명은 판사, 100명은 변호사, 56명은 외과의사, 75명은 군대 장교, 100명은 유명한 선교사와 목사가 됐다. 80명은 다양한 국가 공직에서 근무했고, 3명은 미국 대도시의 시장이 됐으며, 1명은 미국 재무성의 감사관이었고, 또 한 사람은 미국의 부통령이 됐다.

이처럼 자손 몇 대를 걸쳐 가계의 그 흐름이 계속 이어진다는 사실이다. 좋은 경우에는 너무 좋게 되고, 좋지 못한 경우에는 마치 약속이라도 한 듯 안 좋게 나타난다는 것이다. 중요한 것은 이런 흐름에 대해 적극적으로 대처하고 해결하고자 하는 노력이 있느냐이다. 이런 문제들은 조상의 죄이거나 유전적 요소이거나 악한 영의 역사일 수도 있다. 그러나 우리는 수십 년 수백 년 전에 살았던 조상의 삶을 다 알아볼 수 없다. 다만 우리가 할 수 있는 것은 가계에 흐르고 있는 문제에 대해 철저히 회개하고, 기도로써 사탄의 역사를 몰아내며, 그런 종류의 죄를 범하지 않도록 적극적인 믿음으로 신앙생활을 해야 한다는 점이다.

그러니 비록 우리 세대에 그러한 고통을 겪었을지라도, 이제부터는 영적인 눈을 부릅뜨고 그것을 끊는 작업을 해야 한다. 그리고 고통과 환난의 흐름을 자녀들에게는 절대로 물려주지 말아야 한다. 우리 자신들이 회개하고 기도해서 승리를 얻어야 한다. 끝까지 믿음으로 살아 후손들에게는 위대한 축복의 흐름이 있도록 해야 할 것이다.

10장 1,000일 작정기도회, 평생 작정기도회가 되다

13.

순종의 사람으로 살아야 한다

순종의 말씀에 먼저 귀를 기울이고 그 말씀에 순응하고 잘 따르는 것을 말한다. 우리 믿는 사람들은 누구나 할 것 없이 하나님의 목소리와 말씀에 귀를 기울이고, 하나님의 뜻에 적극적으로 순응하고 행하는 사람이 돼야 한다.

> 여호와께서 번제와 다른 제사를 그의 목소리를 청종하는 것을 좋아하심 같이 좋아하시겠나이까 순종이 제사보다 낫고 듣는 것이 숫양의 기름보다 나으니 (사무엘상 15:22)

짐승을 잡아 번제를 드리고 갖가지 제사를 드리는 것보다 순종하는 것이 낫다고 말씀하신 것은, 하나님은 형식적인 신앙생활이나 행함이 없는 신앙생활을 원치 않으신다는 뜻이다. 자기 백성들이 하

나님 자신의 말씀에 순종하고 삶에서 행하는 것을 원하신다는 것이다. 성도가 받아 누릴 은혜는 순종에 있다. 강단에서 선포되는 말씀에 순종하고, 교회가 진행하는 복음 사역에 동참하며, 주님이 대리자로 세운 목회자의 바른 교훈과 권면과 책망에 순종해보라는 것이다. 그러면 하나님이 어떻게 이끄시고 어떤 결과가 나타나고 어떻게 축복하시는가를 두 눈으로 똑똑히 보게 될 것이다. 목회자가 의도적으로 죄를 범하거나 불의한 쪽으로 행하는 경우가 아니라면, 순종이 마땅하다. 주의 종들이 훈련과 경험이 부족해 실수하고 미흡한 부분이 있어도 믿음으로 순종하면 연단의 세월이 짧아지고, 겪어야 될 아픔이 줄어들며, 받아 누릴 복이 배나 더 커진다.

하나님이 모세의 후계자로 지명한 여호수아를 보면 알 수 있다. 40년 동안 모세의 곁에서 비서실장과 같은 사람으로 수고를 다하지만, 단 한 번도 불순종했다든지 모세를 거역하거나 대적한 적이 없었다. 어떻게 사람이 40년 동안을 한결같이 섬기고 협력하는 자리에 있을 수 있겠는가. 절대로 인간의 노력이나 인격만으로는 할 수 없다는 것이다. 좋은 인격이나 인내와 노력도 필요하지만, 그 중심에 신본주의 신앙이 확고히 자리 잡고 있었기에 가능했다. 자기가 섬기고 받들고 협력하는 모세가 하나님이 직접 부르시고 세운 종이라는 사실을 인정했기에, 자신의 전인격과 삶 전체로 순종할 수 있었던 것이다. 여호수아는 모세가 받은 율법의 말씀을 순종하고, 모세가 하고자 하는 일에 순종으로 협력했다. 이방인들과 싸울 때는 목숨을 아끼지 아니하고 앞장섰으며, 이스라엘 민족이 나아갈 길을 여는 일을 했다. 그 복으로써 하나님이 모세를 불러 가실 때 여호수아는 모세의 후계자가 됐다.

> 눈의 아들 여호수아는 그 안에 영이 머무는 자니 너는 데려다가 그에게 안수하고 그를 제사장 엘르아살과 온 회중 앞에 세우고 그들의 목전에서 그에게 위탁하여 네 존귀를 그에게 돌려 이스라엘 자손의 온 회중으로 그에게 복종케 하라 (민수기 27:18-20)

하나님은 모세에게 순종한 여호수아를 40년이나 지켜보신 뒤 여호수아를 모세의 후계자로 지명하신 것이다. 여호수아는 최소한 200만 명이 넘는 백성을 이끄는 지도자의 자리를 물려받았고, 아무도 범할 수 없는 모세의 존귀함을 물려받았다. 자기 자신이 모세에게 했던 순종을 모든 백성들에게서 받아 누리게 된 것이다. 그야말로 모든 복이 한꺼번에 다 주어졌다. 하나님과 직접 교제할 수 있는 영적인 복과 하나님이 주시는 위대한 사명, 명예, 권세, 물질까지 한꺼번에 다 받은 것이다. 순종할 때는 힘이 들고 어려워도 하나님의 인정하심과 그 축복은 엄청나다.

14.
직분과 사명에 충성하며, 하나님의 통로가 되는 삶을 살아야 한다

직분은 주님이 성도들에게 주시는 것이다. 오직 성도들이 해야 할 것은 주신 직분에 충성하고 사명에 충성하는 것이다.

맡은 자들에게 구할 것은 충성이니라 (고린도전서 4:2)

네가 죽도록 충성하라 그리하면 내가 생명의 관을 네게 주리라 (요한계시록 2:10)

충성이란 마음과 중심을 다해 섬기고 봉사하는 기본적인 의미와 함께 목숨을 저당잡힌다는 뜻도 내포하고 있다. 그만큼 생명을 돌보지 않고 죽기까지 애쓰고 힘써 수고하는 것을 말한다. 겉으로 보기에는 이 세대가 다 썩고 부패해 충성된 자가 없어 보일지 몰라도, 교회마다 맡은 직분과 사명에 충성하는 일꾼들은 지금도 있다. 내 몸을 아끼지 않고, 내 시간과 물질을 아끼지 않고, 모두 주님 것으로 알아 기꺼이 주님 앞에 드리며 헌신하는 성도들이 얼마든지 있다.

복된 성도들은 반드시 이 반열에 서야 한다. 꼭 충성된 자의 반열에 서야 하는 이유는 그래야 믿음을 잃지 않고 주님을 섬길 수 있기 때문이다. 사명을 놓치고 직분을 소홀히 하면서 교회 문턱만 밟고 왔다 갔다 하면, 믿음을 잃어버리기 쉽다. 또 세상과 짝하지 않기 위해서다. 성도들이 주님을 위해 일하고 헌신하며 바쁘게 살지 않으면, 전부 세상과 더불어 살고 세상의 풍속을 따라 먹고 마시고 즐기는 데 시간과 물질과 몸을 허비하게 된다. 충성하는 자에게는 주님의 인정하심과 축복하심이 따른다. 주님의 눈은 언제든지 충성된 자를 찾고 계신다. 충성하며 일하다가 주님의 눈에 뜨이는 자들을 주님이 이끌어 주시고 도와주신다. 믿음 생활을 어느 정도 했으면, 반드시 충성된 자의 반열에 들어서야 한다.

> 어리석은 자의 퇴보는 자기를 죽이며 미련한 자의 안일은 자기를 멸망시키려니와 오직 내 말을 듣는 자는 평안히 살며 재앙의 두려움이 없이 평안하리라 (잠언 1:32-33)

믿음과 봉사와 헌신이 퇴보하면 영적으로 죽는 자리에 들어가기 십상이다. 충성함으로 믿고 섬기는 자가 돼야 한다.

하나님이 우리에게 허락하신 삶은 청지기의 삶이다. 청지기의 삶이란 주인의 것을 맡아 관리하는 삶으로서 자신의 소유권이 하나도 없는 것이 특징이다. 이 사실은 죽음의 때가 찾아올 때 더욱 뼈저리게 알게 된다. 세상에 있는 모든 것이 내 것이 아니고, 인간의 소유가 아님을 절감하게 된다. 이 비밀을 믿음 안에서 먼저 깨달은 성도들은 절대로 땅의 것을 내 것으로 생각하지 말고 하나님의 것으로 알아야 한다. 그래서 하나님의 영광을 위해서만 사용해야 한다.

그러기 위해서는 철저하게 나는 통로만 돼야 한다. 하나님이 내게 물질을 주시면, 그 물질은 나를 통해 주님이 원하시는 곳에 써야 한다. 이것이 올바른 자세이고, 이렇게만 하면 하나님이 얼마든지 믿고 물질을 보내주신다. 물질뿐인가. 은사와 능력도 보내시고, 갖가지 귀한 것을 다 보내주신다. 그런 사람은 아무리 많이 흘려보내도, 자기 창고에서 그것을 머물게 하거나 고여 썩게 하지 않는다. 이 땅에서 하나님의 인정을 받아 일하고 싶은 사람은 철저하게 통로만 되는 삶을 살아야 한다.

> 주라 그리하면 너희에게 줄 것이니 곧 후히 되어 누르고 흔들어 넘치도록 하여 너희에게 안겨 주리라 너희가 헤아리는 그 헤아림으로 너희도 헤아림을 도로 받을 것이니라 (누가복음 6:38)

> 10장 1,000일 작정기도회, 평생 작정기도회가 되다

15.
하나님의 주권적인 영역을 범하지 말아야 한다

우주 만물을 창조하시고 다스리시는 하나님의 구원 사역에는 특별히 구별된 영역이 있다. 이 영역을 인간적인 생각으로 간섭하거나 해롭게 하면 하나님의 엄청난 진노가 따르게 된다.

첫 번째 영역은 하나님의 성전이다. 하나님의 성전(교회)은 하나님이 예정하신 영혼 구원을 위한 기관이고, 주님이 십자가에 피 흘리신 대가이며, 오순절 성령 강림으로 세워진 처소이다. 그래서 에베소서(1:23)에서는 교회를 일러 그의 몸, 즉 주님의 몸이라고 했다. 하나님이 자기 독생자를 죽이면서까지 세우신 교회는 하나님이 택한 수많은 영혼들이 구원받을 곳이다. 이 성전(교회)을 범하면 자신의 일평생뿐만 아니라, 자손에게까지 화가 미치게 된다.

> 그러므로 나 주 여호와가 말하노라 내가 나의 삶을 두고 맹세하
> 노니 네가 모든 미운 물건과 모든 가증한 일로 내 성소를 더럽혔은
> 즉 나도 너를 아끼지 아니하며 긍휼을 베풀지 아니하고 미약하게
> 하리니 너의 가운데서 삼분의 일은 전염병으로 죽으며 기근으로
> 멸망할 것이요 삼분의 일은 너의 사방에서 칼에 엎드러질 것이며
> 삼분의 일은 내가 사방에 흩어 버리고 또 그 뒤를 따라가며 칼을
> 빼리라 이와 같이 내 노가 다한즉 그들에게 향한 분이 풀려서 내
> 마음이 가라앉으리라 내 분이 그들에게 다한즉 나 여호와가 열심
> 으로 말한 줄을 그들이 알리라 (에스겔서 5:11-13)

그래서 예수님을 영접하고 신앙생활 할 때는 어떤 일이 있어도 교회를 헤치거나 욕되게 하는 일을 절대 하지 말아야 한다. 내가 손해를 보고 상처를 받아도, 성전만큼은 범하지 말아야 한다. 특히 교회에서 중직을 맡은 일꾼들은 주님이 부르실 때까지 잊지 말고 가슴에 담아 둬야 할 일이다. 주님의 교회를 위해 애쓰고 수고할 때, 주님이 꼭 갚으시고 축복을 더하실 것이다.

두 번째 영역은 하나님이 기름 부어 세운 종들이다. 구약 시대에는 제사장, 선지자, 왕이 기름 부음을 받았다. 오늘날 복음 사역에는 목회자들이 하나님의 기름 부음을 받고 사역하고 있다.

> 여호와의 말씀이 선지자 예레미야에게 임하여 말씀하시기를 내
> 가 너를 복중에 짓기 전에 너를 알았고 네가 태에서 나오기 전에

너를 성별하였고 너를 여러 나라의 선지자로 세웠노라 (예레미야 1:5)

하나님이 기름 부어 세운 종들은 이 땅에 태어나기 전에 이미 구별된 사람들이다. 육신적으로 보면 똑같은 지·정·의를 가진 보편적인 사람들이지만, 구원 사역에서의 직분은 하나님의 계획과 주님으로부터 부여받은 사명이요 직분이다. 그래서 사람이 함부로 판단하거나 범할 영역이 결코 아니다. 나이 어린 다윗이 사울에게 십 수 년 동안 핍박을 받고 목숨의 위협을 받을 때 사울을 죽일 기회가 찾아왔지만, 하나님이 기름 부어 세운 왕임을 바르게 알기에 끝까지 해치지 않았음을 볼 수 있다. 목회자는 개인이 가진 인성, 지성, 영성의 범주를 떠나 주님이 직접 붙잡고 쓰는 자들이다. 그러기에 우리가 간섭할 대상이 아니라, 기도로써 협력하고 바르게 섬겨야 할 대상이다. 물론 목회자들이라고 해서 섬김을 받으려는 자세는 합당치 못하지만, 성도들은 목회자를 예우하며 좋은 일과 궂은일을 같이 협력하는 태도를 가져야 한다.

가르침을 받는 자는 말씀을 가르치는 자와 모든 좋은 것을 함께 하라 (갈라디아서 6:6)

너희를 인도하는 자들에게 순종하고 복종하라 그들은 너희 영혼을 위하여 경성하기를 자신들이 청산할 자인 것 같이 하느니라

그들로 하여금 즐거움으로 이것을 하게 하고 근심으로 하게 하지
말라 그렇지 않으면 너희에게 유익이 없느니라 (히브리서 13:17)

쓴 소리 같지만, 이 시대가 목회자들의 수난 시대라고 해도 틀린 말이 아니다. 교인들의 귀는 당나귀 귀만큼 커져있는 반면, 온갖 세상 풍조와 물질 문명의 부패성에 오염되어 내면적인 신실함과 겸손과 순종과 눈물은 찾아보기 어렵게 됐다. 말씀과 기도, 겸손과 순종 없이 직분을 맡아 교회 일을 감당하는 그들 중 일부는 함부로 말하고 함부로 행동한다. 조금만 귀에 거슬리거나 부담스러우면, 아무 말 없이 교회를 떠나거나 맡은 직분과 사명을 헌신짝처럼 버리는 데 주저하지 않는다. 그뿐인가. 어느 외국 목사님(글렌 와그너, 글렌 마틴)이 쓴 『목사의 심장』이라는 책의 내용을 보면 다음과 같은 글귀가 나온다. "성도들이 시험 들어 사탄의 장난에 놀아나면, 교회는 물론 목회자들의 인격과 사역에 치명적인 손상을 입힌다. 원망과 비방은 물론이거니와 있는 것 없는 것 다 동원해 뒤집어씌우고 거짓으로 매장하려 한다. 목회자들이 억울해도 쉽게 비방하거나 해명하지 못하는 약점을 알고는, 무지막지하게 대적하고 참기 힘든 모욕을 안겨준다. 선하게 가르치고 권면한 것까지 비방거리로 삼고, 나쁜 쪽으로 바꿔 뒤집어씌우고, 성도들에게 퍼뜨리고 다닌다. 한마디로 사탄에게 붙잡혀 놀아나는 것이다."

전능하신 하나님 외에 누가 이런 사실을 알고 누가 심판자가 돼 주겠는가. 분명한 것은 하나님이 판단자가 되어 주시고 심판자가

돼주신다는 것이다. 민수기 12장에서도 모세를 비방한 아론과 미리암이 하나님의 책망을 받는 중에 미리암이 즉시 문둥병이 들어 하나님의 징계를 받았다. 민수기(16:1-2)에 고라와 다단과 아비람과 온이 당을 짓고, 족장 250명과 함께 일어나 모세를 대적하고 거스르다가, 결국 땅이 갈라져 저들을 삼켰다. 또 여호와께로부터 불이 나와 분향하는 250명을 다 태워 죽인 일도 있다.

성도들의 복은 멀리 있지 않다. 주의 종들이 터무니없는 잘못을 하지 않는 이상, 실수나 부족한 점이 보이면 주님께 기도로 맡기고 협력자가 되는 쪽을 선택하는 게 좋다. 그러면 우리 주님이 그 믿음을 보시고, 땅의 복과 하늘의 복을 안겨주실 것이다. 주의 종들에게 하는 것이 곧 주님께 하는 것이고, 주의 종들과의 관계가 곧 내 자녀와 나와의 관계임을 가슴에 새겨야 할 것이다. 좀처럼 드러내놓고 말할 수 없는 목사의 가슴과 성도들을 위해 기도하는 기도의 내용을 성도들은 알고 있는가. 세세히 알 수는 없겠지만, 목회자의 기도에는 2가지 모양이 있다. 눈물로 간구하고 눈물로 축복하는 성도들이 있는가 하면, 너무 가슴 아프고 힘들어 탄식의 기도로써 주님이 심판자가 돼 달라고 기도하는 성도들도 있다.

세 번째는 하나님의 물질을 범하지 말아야 한다. 물론 땅에 있는 모든 물질이 다 하나님의 것이지만 그 중에서 십일조는 특별히 하나님이 정하신 물질이고, 간섭하는 물질이다. 축복의 문이 열리는 물질이기에, 절대로 범하면 안 된다.

> 사람이 어찌 하나님의 것을 도둑질하겠느냐 그러나 너희는 나의 것을 도둑질하고도 말하기를 우리가 어떻게 주의 것을 도둑질하였나이까 하는도다 이는 곧 십일조와 봉헌물이라 너희 곧 온 나라가 나의 것을 도둑질하였으므로 너희가 저주를 받았느니라 (말라기 3:8-9)

십일조를 드림은 물질의 주인이 하나님이심을 믿고 고백하는 신앙 고백이다. 하나님이 약속하신 언약을 믿고 순종하는 행위이고, 하늘 문이 열리고 쌓을 곳이 없도록 복이 임하는 통로이다. 그래서 믿는 자들은 처음부터 십일조를 드리는 믿음으로 출발하고, 아무리 어렵고 힘들어도 십일조를 함으로써 물질의 문을 열어야 한다. 사탄은 늘 우리 귀에 속삭인다.

'왜 지금 하려고 해? 부자 되면 헌금하고, 건강하면 봉사하고, 시간 날 때 헌신하면 되지.' 한데 그렇지 않다. 믿음의 법칙은 정반대이다. 돈 없어 어려울 때 헌금해야 물질이 열리고, 병 들었을 때 봉사해야 건강이 찾아온다. 시간이 없을 때 봉사해야 하나님이 내 일을 도와주시고, 우리 삶을 이끄시고 복을 주신다. 하나님의 영역 안에 있는 물질을 범하지 말고, 믿음으로 순종해 드릴 때 복이 임하고 물질이 막히지 않는다는 사실을 명심해야 한다.

네 번째는 하나님이 정하신 날(주일)을 범하지 말아야 한다. 주일은 성도들에게 영적 양식을 공급받는 날이요, 영적 생수를 마시는 날이요, 기쁨과 소망을 충만케 하는 날이다. 이와 동시에 구원받은 감사와 감격으로 하나님께 경배하고 영광을 돌려 드리는 날이다. 구약 시대 때는 이 날을 십계명 중 4번째 계명으로 주셨고, 신약 시대에는 주님이 친히 십자가에 못 박혀 죽으시고 3일 만에 부활하사 우리에게 영원한 생명과 소망을 주산 날이다. 즉 구약 시대 때 지켰던 안식일의 실체요, 완성체이다. 성도들은 주님이 정하신 날을 절대로 범하면 안 된다. 주일을 범하면 주님의 계명을 범하는 것이고, 주님의 약속을 불신하는 것이다. 또 주님이 주시는 양식과 생수를 거부하는 행위로써, 영적 은혜와 축복하심을 기대하기 어렵다. 시간이 지나면 영적 양식이 없으니 영혼이 배고파 허덕이게 된다. 영적 생수가 없어 목말라 허덕이다 결국 삶 전체가 영적 기근을 만나게 된다. 그러니 주의 날인 주일을 잘 지켜 복을 받는 자리에 서야 한다.

16. 선교에 힘쓰는 적극적인 헌신자로 살아야 한다

성도들이 받은 은혜는 땅의 것으로 계산할 수 없는 귀하고 값진 것이다. 지구촌에 있는 돈을 몽땅 다 쏟아 부어도 한 사람의 죄를 없이하지 못하고, 지구촌에 사는 사람이 다 죽는다 해도 한 사람의 영혼을 살릴 수 없다. 오직 죄 없으신 독생자 예수 그리스도 한 분만이 인간의 죄를 담당하시고 우리를 하나님께로 인도해 영원한 생명을 얻게 하신다. 상상도 못할 큰 은혜를 입었으니, 성도들이 해야 할 것은 영혼을 건져내는 일에 힘쓰고 애쓰는 것이다. 그 일이 곧 전도와 선교다. 바울은 주님을 영접한 후 즉시로 회당에 가서 예수님이 하나님의 아들 되심을 전했고, 로마에서 순교의 제물로 드려질 때까지 전도하고 선교하는 일에 생명을 걸었다. 전도하지 않으면 자기에게 화가 미친다고까지 말했을 정도이다.

성도들은 전도에 힘을 쏟아야 한다. 영적인 세계는 입을 열어 기도하고 전도하는 데 힘을 쓰지 않으면 죄 짓는 일에 입술을 열어 세상 잡담이나 하고 남의 허물이나 보는 데 쓰고 다니게 마련이다. 성도들이 전도하면 은혜가 더하고 기도 응답과 축복의 문이 열린다. 일평생 바울과 함께 전도와 선교 사역에 수고했던 브리스길라와 아굴라 부부와 같이 하늘나라에서 받을 상을 생각하며 영혼을 살리는 데 최선을 다해야 한다.

목회 현장에는 현실적으로 부인할 수 없는 통계가 있다. 교회 안에는 5-10%의 적극적인 헌신자와 협력자가 있는가 하면, 5-10%는 반대와 비방과 교회 일을 거스르는 이들이 있게 마련이다. 결국 적극적인 헌신자들은 주님이 은혜와 복을 누리되, 반대를 위한 반대를 하는 자들은 영적 은혜가 없고 축복의 젖줄이 말라가기 시작한다. 간곡히 바라기는 주님이 기뻐하지 않는 5-10%의 무리 속에 들지 말고, 주님이 기뻐하시고 축복하시는 5-10%의 무리에 들어가도록 힘써야 할 것이다. 예수님도 베드로와 요한과 야고보를 데리고 산에 오르셔서, 남다른 은혜와 체험을 하게 하셨다. 주님의 사랑을 받는 자가 되면, 목회자의 기도가 달라지고 주님의 축복하심이 달라질 것이다.

17. 성전을 세워드리기에 힘써야 한다

성전(교회)은 이 땅에 세워진 천국의 모형이자 상징이다. 성도들이 누릴 은혜와 복은 성전을 통해 주어진다. 유대인들이 바벨론 포로에서 돌아온 후 무너진 하나님의 성전 재건을 뒤로하고, 제각기 자기 집 짓기에 바쁠 때 하나님은 이렇게 말씀하셨다.

> 너희가 많이 뿌릴지라도 수확이 적으며 먹을지라도 배부르지 못하며 마실지라도 흡족하지 못하며 입어도 따뜻하지 못하며 일꾼이 삯을 받아도 그것을 구멍 뚫어진 전대에 넣음이 되느니라. 너희는 산에 올라가서 나무를 가져다가 성전을 건축하라 그리하면 내가 그것으로 말미암아 기뻐하고 또 영광을 얻으리라 여호와가 말하였느니라 너희가 많은 것을 바랐으나 도리어 적었고 너희가 그것

> 을 집으로 가져갔으나 내가 불어 버렸느니라 나 만군의 여호와가 말하노라 이것이 무슨 까닭이냐 내 집은 황폐하였으되 너희는 각각 자기의 집을 짓기 위하여 빨랐음이라 (학개서 1:6, 8-9)

그러나 그들이 하나님의 책망을 듣고 성전을 세워 드렸을 때, 하나님은 성전 재건을 위한 기초 공사를 할 때부터 복을 주셨다.

> 너희는 오늘부터 이전을 기억하라 아홉째 달 이십사일 곧 여호와의 성전 지대를 쌓던 날부터 기억하여 보라 곡식 종자가 아직도 창고에 있느냐 포도나무, 무화과나무, 석류나무, 감람나무에 열매가 맺지 못하였느니라 그러나 오늘부터는 내가 너희에게 복을 주리라 (학개서 2:18-19)

교회에서 크고 중요한 일을 할 때, 반대하고 비판하거나 사람 생각으로 막지 말아야 한다. 교회를 확장하거나 건축할 때 보통 두 부류의 사람이 반대하거나 방해하게 된다. 돈이 너무 많아 헌금을 많이 하라고 할까 봐 미리 겁먹고 반대하거나 당을 지어 수군거리거나 비방하는 경우다. 반대로 너무 어려워 짜증나고 힘이 드니 미리 반대하거나 시험 드는 경우가 있다. 성도들의 영혼이 잘되고 앞날에 복을 받아 누리며 자손대대로 잘되려면, 교회를 건축할 때 반대나 비방이나 원망불평하지 말고 기도하며 최선을 다해 협력하는 사람이 돼야 한다. 혹 헌금할 여유가 없어 마음이 아프면 형편대로 최선을 다하고 교회에 필요한 물질을 채워달라고 기도하면 된다. 한국뿐만 아니라 세계 어느 곳에서도 교회를 세울 때 방해하고 시험 들어 원망하다가 떠난 사람치고 잘된 사람은 없다. 영육이 쇠약해지고 삶 전체가 힘을 잃고 나서 뉘우치고 가슴을 쳐도 이미 때는 늦었다.

왕이 된 후 하나님의 법궤를 먼저 다윗 성으로 옮겨오고 하나님의 성전을 세워 드리려 했던 다윗 왕은 하나님의 허락이 없어 직접 성전 건축을 못했다. 하지만 아들 솔로몬이 성전 건축을 하도록 필요한 것을 다 준비했다. 일평생 모아둔 금과 은과 놋과 철을 성전 건축 헌물로 드렸는데, 그 금액이 천문학적인 숫자에 가깝다. 창조 이후로 성전 건축 헌금을 가장 많이 한 사람이 다윗일 것이다. 성전을 세우고자 사유 재산을 전부 드린 다윗의 생애를 보면, 그가 받은 복이 얼마나 큰지 알 수 있다. 하나님이 40년을 왕의 자리에 있게 했고 그 후손이 왕위를 계승토록 했다.

> 그가 나이 많아 늙도록 부하고 존귀를 누리다가 죽으며 그의 아들 솔로몬이 대신하여 왕이 되니라 (역대상 29:28)

하나님은 다윗에게 장수와 존귀, 부요함의 복을 주셔서 일평생 누리며 살게 하셨다. 우리도 성전을 세워 드리는 일꾼으로서 이런 복을 받는 사람이 돼야 한다.

10장 1,000일 작정기도회, 평생 작정기도회가 되다

18.
봉사는 일등으로, 예우는 꼴찌로 받겠다는 믿음을 가져야 한다

신앙생활을 할 때 일꾼들을 가장 많이 시험에 들게 하는 것은 봉사에 대한 부분이다. 열심히 봉사하고 충성한 후에 돌아오는 대가나 예우가 기대치에 미치지 못할 때, 섭섭한 마음이 들기 때문이다. 여기에 사탄의 노림수가 있음을 알아야 한다. 힘들게 봉사하며 주님이 기뻐하시는 일을 하고도 시험에 빠져 영육 간 어려움을 겪게 된다. 괜히 목사님과 사모님에 대해 섭섭해지고 교회에 섭섭해져 가슴앓이를 하게 된다. 사탄이 함정을 파고 기다리고 있는 섭섭함의 시험에 걸려들지 않도록 늘 깨어 있어야 한다. 내가 하는 봉사가 주님을 위해 하는 것이지, 사람이나 기관을 위해서 하는 것이 아님을 분명히 알아야 한다. 그리고 나의 봉사를 받으시는 분은 사람이 아니라, 주님이시다.

또 우리의 봉사 위에 은혜와 복을 주시는 분도 사람이 아니라, 주님이라는 사실을 명백히 인식해야 한다. 축복의 씨를 뿌리면서 조급한 마음으로 심은 것을 파헤치거나 들춰 내지 말고, 주님이 열매를 주실 때까지 기다려야 한다. 중요한 것은 늘 주님 앞에서 봉사할 때 일등으로 한다는 자세로 최선을 다하되, 사람에게 대가나 예우를 바라지 않고 일해야 한다. 혹 예우를 바란다면 제일 꼴찌로 받겠다는 넉넉한 마음을 가져야 한다. 그래야 사탄의 공격을 피하고 사탄의 올무에 걸려들지 않는다.

목회자에게 식사 한 번 대접하고는 동네방네 자랑하고 나팔을 불어 시기심을 불러일으키거나, 인사 받기를 기다리고 있는 사람들이 있다. 기관이나 부서에서 남다른 봉사 한 턴 하고 나서, 전 부서원이나 기관원이 다 인사해야 직성이 풀리는 사람들이 있다. 또 구역장 임명이나 직분자 임명 때 제외되면, 섭섭한 마음으로 오기와 독기를 품기도 하고 노골적으로 교회를 다닌다만다 하는 사람들도 있다. 이 얼마나 어린아이 같은 철부지 신앙인가. 목회자들은 성도 각각의 믿음의 분량이나 재능에 맞게 일을 맡겨 주는데, 자기 혼자 일자리 다 차지하고 자기 혼자 교회 일을 다 할 것처럼 경거망동을 서슴지 않는 경우도 있다.

네가 적은 일에 충성하였으매 내가 많은 것을 네게 맡기리니 (마태복음 25:21)

맡겨 주는 일이 비록 작게 보이고 보잘것없어 보일지라도 그 일에 최선을 다하고 인정을 받으면, 반드시 크고 많은 일들을 단계적으로 맡게 될 것이다. 과욕을 부리지 말고 최선을 다하면서 믿음과 기쁨으로 봉사하는 멋진 일꾼이 될 때, 은혜와 축복이 주어진다.

19.

거둘 때를 바라보며 열심히 심어야 한다

> 스스로 속이지 말라 하나님은 업신여김을 받지 아니하시나니 사람이 무엇으로 심든지 그대로 거두리라 (갈라디아서 6:7)

하나님이 주시는 축복의 결실은 마치 농부가 수고하는 원리와 비슷하다. 결실을 바라는 농부는 봄이 되면 땅을 갈아엎고, 거두고자 하는 씨를 뿌린다. 뜨거운 해 아래서 김을 매고 벌레를 잡으며 열매를 맺기까지 인내하다가 마침내 열매를 거둔다. 영적인 세계가 이와 같다. 하나님이 주시는 풍성한 열매를 거두기 위해서는 먼저 영적인 땅인 마음의 바탕을 갈아엎고, 영적인 가시와 돌멩이를 없애야 한다. 온갖 나쁜 감정과 습관들을 제거하고, 모든 불신앙의 요소를 말씀과 기도와 연단을 통해 지워 없애야 한다. 그래야 마음 밭이 옥토가 되어, 씨를 파종할 수 있는 좋은 땅으로 준비되는 것이다.

하나님은 무엇을 심든지 그대로 거두게 하시는 분이기에, 일평생 조심하는 중에 믿음의 선한 씨를 뿌려야 한다. 하나님을 떠나 불신앙의 씨를 뿌려놓으면 돌이키기 어려운 아픔과 후회의 열매를 거두거나, 일평생 회복되지 않는 저주와 같은 열매를 거두게 된다. 복된 자리에 서려면 좋은 본이 되고, 간증거리가 되는 사람이 돼야 한다.

몇 년째 우리 가정을 돌봐준 한 집사님 가정은 이미 부도가 났던 가정이었다. 약국 총판과 기계 분야의 공장까지 다 날아가자, 어린 아들 둘은 할머니 댁에 맡기고 본인들은 친구 집에서 숙식해야 할 상태였다. 하나님이 우연히 기도원에서 우리와 만나게 하셨고, 같이 기도하며 새롭게 출발했다. 모든 것이 놀랍게 회복돼 신앙과 가정과 생업에 기적 같은 복을 주셨다. 몇 년을 지켜보니 다 망해버린 상태에서도 하나님이 회복시켜 주실 수밖에 없는 충분한 이유가 있었다. 어려운 중에서도 늘 믿음의 선한 씨를 심고 산 것이다. 재능과 물질로도 어려운 사람들과 교회를 섬겼지만, 주의 종들을 선대하며 변함없이 선한 씨를 심고 살았다. 누구나 할 것 없이 어려운 때를 만나기도 하지만, 믿음의 선한 씨를 심고 사는 사람에게는 도리어 전화위복의 계기가 된다.

더러는 좋은 땅에 떨어지매 어떤 것은 백 배 어떤 것은 육십 배 어떤 것은 삼십 배의 결실을 하였느니라 (마태복음 13:8)

보라 내가 속히 오리니 내가 줄 상이 내게 있어 각 사람에게 그가

행한 대로 갚아 주리라 (요한계시록 22:12)

하나님께 좋은 씨를 믿음으로 심고 살면 땅의 열매뿐만 아니라, 영원한 상급을 누린다. 이 땅에서 유한한 것으로 심고 영원한 것을 거두게 하는 씨, 썩을 것으로 심고 썩지 아니할 것으로 거두게 하는 씨, 보잘것없는 것으로 심고 영광스러운 것으로 거두게 하는 씨가 믿음의 씨요, 진리의 씨요, 성령의 씨요, 순종과 겸손과 충성으로 하는 봉사의 씨다. 잠깐 보이다가 사라질 안개 같은 이 땅의 삶만 추구하면 영원히 후회한다. 기뻐 뛰고 춤을 추는 천국의 삶을 위해서는 선한 씨를 많이 심고 죽도록 충성하는 자리에 끝까지 있어야 한다. 이런 성도들이 진실로 복 있는 성도요, 미래가 준비되고 내세까지 보장받는 복된 성도이다.

10장 1,000일 작정기도회, 평생 작정기도회가 되다

20.
하나님이 쓰실 그릇이 되도록 준비해야 한다

> 큰 집에는 금 그릇과 은 그릇뿐 아니라 나무 그릇과 질그릇도 있어 귀하게 쓰는 것도 있고 천하게 쓰는 것도 있나니 그러므로 누구든지 이런 것에서 자기를 깨끗하게 하면 귀히 쓰는 그릇이 되어 거룩하고 주인의 쓰심에 합당하며 모든 선한 일에 준비함이 되리라 (디모데후서 2:20-21)

하나님은 모든 것을 주권적으로 계획하시고 이끌어 가시되 성도들을 복음의 도구로 사용하신다. 이때 하나님이 귀하게 쓰시는 그릇이 되려면 몇 가지 조건을 갖춰야 한다. 의인은 없나니 하나도 없다고 말씀하신 것처럼, 사람은 누구나 죄와 허물이 있게 마련이다. 그러나 하나님 앞에서 자신을 깨끗케 하려는 사람은 하나님이 들어

쓰신다. 세상과 타협하지 않고 세속화되지 않기 위해 애쓰는 사람, 죄가 들어올 때마다 하나님의 눈길을 의식하고 즉시로 무릎 꿇고 회개하는 사람, 늘 말씀과 기도를 통해 육신의 정욕을 누르고 하나님의 말씀대로 살려는 사람들이다. 나를 쓰시고자 하는 하나님을 바라보며 일평생 자신을 깨끗하게 해야 한다.

하나님이 사람을 쓰시고자 해도 너무 쉽게 깨지면 쓸 수가 없다. 작은 시험에도 쉽게 넘어지고 환난과 고난을 이기지 못해 주저앉거나 포기해 버리는 사람을 하나님이 어떻게 귀한 그릇으로 쓸 수 있겠는가. 시험과 환난의 바람이 불고 태산 같은 장애물이 있어도 꿋꿋하게 버티고 이겨나갈 수 있는 믿음과 담대함이 있을 때, 하나님이 쓰시기 좋은 그릇이 된다. 사람은 누구든지 쉽게 무너지는 연약함이 있다. 그러나 이런 연약함을 연단과 시험을 통해 강하고 담대하게 제련됐을 때, 하나님이 귀하게 쓰시게 된다. 하나님이 쓰시는 그릇에는 일하는 분량에 따라 다양한 그릇이 있다. 이왕 우리가 주님의 일을 감당할 바에는, 큰일을 감당하다 주님 앞에 가는 것이 보람 있는 삶이 될 것이다.

네 입을 크게 열라 내가 채우리라 (시편 81:10)

하나님 앞에 크고 귀한 것을 구하되, 각자의 그릇을 크게 해 달라고 구하자. 각자의 그릇이 키워지도록 영적으로 철저하게 무장해 나가자. 하나님은 성도들을 바라보실 때 지식, 물질, 명예, 권세 등에는 관심이 없다. 그 속에 믿음이 있는가, 봉사할 때 믿음으로 봉사하는가, 얼마나 애쓰고 힘써 감당하는가에 깊은 관심을 갖고 계신다.

> 시온에서 하나님 앞에 각기 나타나리이다 (시편 84:7)

오직 우리가 힘쓰고 애쓰며 믿음으로 살 때, 하나님의 눈에 뜨이는 사람이 된다. 하나님의 눈에 띄는 자가 되면, 하나님이 귀하게 쓰실 뿐더러 갖가지 은혜와 축복을 받은 증거들이 따른다. 각자 깨끗한 그릇, 튼튼해서 깨지지 않는 그릇, 큰 그릇을 준비해 귀하게 쓰임 받는 성도들이 되자.

전능하신 하나님의 은혜에 감사해서 봉사하고 애쓰는 성도들은 힘이 들어도 반드시 인내해야 한다. 내가 맡고 있는 짐이 무겁게 느껴져도, 다리를 떠받치는 기둥처럼 인내해야 한다. 시험을 참지 못하고 작은 감정 하나 조절하지 못하면서 무슨 헌신을 하겠는가. 힘이 들 때는 욥의 인내를 바라보자. 욥은 자녀들, 종들, 짐승들, 아내와 자신의 육신까지 다 잃었다. 여기서도 그의 아픔과 괴로움이 끝나지 않았다. 친구들은 그가 당한 환난과 고난이 죄 때문이라고 강조하며 회개를 촉구했다. 이런 아픔을 당하면서도 욥은 하나님만 바라보고 끝까지 인내하는 중에 갑절의 복을 받았다. 주님은 인내하는 자를 붙들어 주시고, 인내하는 자를 인정하시고, 인내하는 자를 쓰시고 축복하신다.

> 시험을 참는 자는 복이 있나니 이는 시련을 견디어 낸 자가 주께
> 서 자기를 사랑하는 자들에게 약속하신 생명의 면류관을 얻을 것
> 이기 때문이라 (야고보서 1:12)

성도들이 믿음의 눈을 뜨기 시작하면, 그때부터 성경책과는 떨어지려야 떨어질 수 없는 관계가 된다. 평생 성경책을 가까이 하는 것은 성도의 기본 중의 기본이다. 그 외에도 말씀을 생활에 적용하는 데 도움받기 위해서는 다양한 책을 접할 필요가 있다. 그래야 영적 성장과 성숙이 앞당겨진다. 특히 여러 직분을 맡아 주님의 몸 된 교회를 세워나가는 일꾼들은 목회자가 추천하는 책을 읽어 일꾼으로서의 자질을 갖추면 좋다. 미래에 대한 꿈을 꾸고 고지를 향하고자 하는 사람은 기도의 무릎과 함께 책을 가까이해야 한다. 책을 읽지 않아 무지한 자리에 들지 말고, 무지함 때문에 주님의 일을 어렵게 하지 말아야 한다. 자기를 스스로 포기하는 사람이 되지 말자.

목회에는 말씀과 심방과 성경 공부 외에도 다양한 영적인 사역이 따른다. 병자를 치유하는 치유 사역이나 귀신을 쫓아내는 축사 사역 등 교회 공동체 안에서 일어나는 다양한 사역을 이해하고 사회에서 만나는 관계 안에서 그리스도의 향기로운 편지가 되려면, 영성과 감성과 지식의 균형을 갖춰나갈 필요가 있다. 우리가 성경 말씀 다음으로 좋은 책들을 가까이 해야 하는 이유다. 하나님의 말씀이 내재화된 성도에게 교양과 세상 지식이 얹어지면, 사람들이 먼저 알아보고 다가오게 돼 있다. 그러면 삶의 자리에서 그는 자연스럽게 그

리스도의 향기를 발하는 사람으로 살아가게 된다.

부록 — 자작시

1. 이 땅에 찾아오신 구원의 주님
2. 예수님의 부활
3. 밝아오는 2023년 새해아침에
4. 헌사
5. 삶
6. 빨강색 연민
7. 기도의 자리
8. 애착
9. 서귀포항
10. 추억
11. 나의 고향집

성탄 축하시_목회자사모신문, 월드미션 신문에 게재

이 땅에 찾아오신 구원의 주님

지은이 강창훈 목사, 시인

꿈이런가 생시런가
천년을 하루같이
하늘의 뭇별 바라보고
긴 세월 사모하며
애타게 기다리던 메시야
때가 차매 고요히 잠든
베들레헴 고을에 찾아오셨네

하늘 영광 존귀를 내려놓고
연약한 육체의 몸 입으시고
낮고 천한 죄인의 모습으로
우릴 위해 기꺼이 찾아오셨네

목수의 아들로 삼십 년을 지낸 후
유대 땅 삼 년을 돌고 돌아
무지한 자 가르치고 일깨워
구원의 길 열어주시고
애통하며 우는 자 위로하시며
병든 자 고치시어 뛰게 하셨네
모진 채찍 멸시 조롱
손과 발 못 박히는 십자가 앞에 두고
순종의 길 택하시려 귀한 몸 엎드려
피눈물 흘리시며 기도하셨네

아버지의 뜻을 따라
말구유에 태어나신 예수님
아버지의 명령 앞에
애절한 절규로 순종하신 예수님
사망 권세 이기시고
영광의 부활 승천
하늘 보좌 좌정하사
심판주로 재림주로 우뚝 서셨네

구세주 누우신 베들레헴 마굿간
천군 천사 찾아와 하나님을 찬양하고
양치던 목동들 기뻐 뛰며 달려갔네
구속함의 은혜 입은 열방의 백성들
오늘도 감사와 기쁨으로 춤추고
우러러 하늘 보고 주님을 바라보며
엎드려 경배하네 영원히 영원히!

2020년 4월 10일 국민일보 게재

예수님의 부활

지은이 강창훈 목사, 시인

하나님의 아들 예수
하늘 보좌 영광을 버리시고
죄악으로 가득 찬 이 땅 위에
낮고 천한 인간의 몸으로 찾아 오셨네

목수의 아들되어
장남의 무거운 짐 감내하시고
하나님의 때가 되매 삼 년을 돌고 돌아
친히 전하시며 자기 백성 돌보셨네

빌라도 법정에서 사형언도 받으시고
멸시 조롱 채찍에 맞으사 피로 얼룩져
만신창이 된 몸 이끌고 골고다 산상 오르신 후
손과 발 못 박히사 십자가에 달리셨네

청명했던 하늘 어둠으로 덮으사
죄인 위한 피눈물 몰래 닦아주시고
벌거벗은 수치 말없이 가리우시며
아들의 절규 들으사 아픈 가슴 누르시고
대속의 죽음 기꺼이 받으셨네

무덤에 장사 지낸 예수님의 주검
고요히 침묵으로 사흘을 지내시다

안식 후 첫날 주일 새벽
다시 살아 나사 빈 무덤 만드셨네

육체로 살아 나사 우리 부활의 첫 열매되시고
사망 권세 이기시고 승리의 주가 되사
영원한 지옥 형벌 상관없게 하시고
병든 자 우는 자의 소망이 되셨네

성도여 일어나 하나님을 찬양하고
생명되신 예수를 전하라
교회여 일어나 기도의 무릎 세워
열방을 향하여 외치고 또 외쳐라
민족이여 아픔과 어둠을 딛고 일어나
밝고 찬란한 대한민국을 노래하라
영원히 영원히!

2023년 1월 2일 국민일보 신년 축하시로 게재

밝아오는 2023년 새해 아침에

지은이 강창훈 목사, 시인

고통과 아픔의 진한 피를 토하며
상처 나고 멍든 가슴 쓸어안고
놀라서 뛰는 심장 다독거리며
암울한 시대와 깜깜한 산야를 뚫고
붉게 타오르는 찬란한 태양을 바라본다

한라산과 백두산 우뚝 솟아
우러러 하늘을 바라고
굽이쳐 흐르는 한강과 대동강
이 땅과 이 민족의 뜨거운 동맥되어
분단의 절규를 지나 납작이 엎드려
통일의 그날을 빌고 빌어 소원할 때
하나님이 도우사 막힌담 걷어내고
한 핏줄 얼싸안고 통일을 노래하리

아이들아 깡충깡충 뛰며 노래하자
창살 없는 자유 속에 수정 같은 동심이 있고
아침 이슬 같은 영롱한 꿈이 있다고,
청년들아 하늘 향해 외치고 부르짖자
식지 않는 활화산의 꿈을 안고
쉼 없이 꺾임 없이 달려가겠노라고,
어른들아 엎드려 머리를 조아리자
후손에게 물려줄 아름다운 금수강산

정의와 진실이 하수같이 흐르는
부국강병 대한민국을 만들겠노라고

한피 나눈 형제들이여 손을 내밀자
뜨거운 가슴 열어 행복을 노래하자
힘겨워 주저앉아 아파하며 가슴치고
애통하며 통곡하는 이들을 위하여,
동족이여 꿈을 노래하고 영광의 그 날을 바로보자
전능자가 도우사 알알이 열매 맺어
한아름 끌어안고 춤을 추게 하시리라

2011년 2월 22일 자정 무렵 박사 논문이 통과되고 가족에게 감사하며 박사 논문에 게재

헌 사

지은이 강창훈 목사, 시인

신학교에 입학하여 주님을 알고 사명을 알아갈 때
서로가 기도하며 준비했던 만남이 우연이 아닌 운명이 되어
밤마다 무릎 꿇고 엎드린 시간들이 헛되지 아니했네

기도하랴 출근하랴 시간에 쫓겼던 아내
직장에서 퇴근하면 밥하고 빨래하랴 지쳤던 아내
과로와 추위에 못이겨 시작된 유산이 육년이나 계속되어
주님만 바라보며 눈물의 소원으로 달려온 아내
여리디 여린 연약함이 연단의 꽃으로 피어나
아름다운 사역자로 힘 있게 세워졌네

교사였고 교장이셨던 친정아버지 열 두살 나이에 일찍 여의고
못 다한 공부 한이 되어 공부 공부하더니
쉰 살이 다 되어서야 학사모를 썼던 아내
오직 기도와 믿음의 배짱으로
남편이 머뭇거리던 박사 논문 몇 년이나 재촉하더니
이제야 그 뜻을 이루었네, 그 믿음 그 용기 장하여라
결혼 후 다섯 해를 지나 태어난 예쁜 딸 주영이와 하영이
언제나 자기들만 두고 다닌다며 칭얼대고 투정부리더니
이제 어엿한 대학생이 되어 아빠 논문 통과 소식에 달려와
끌어안고 입 맞추며 축하하네
고마와라 나의 동역자요 친구인 아내여 행복하고 행복하여라!

어여뻐라 나의 사랑스런 딸들이여 복되고 복되어라!

삶

지은이 강창훈 목사, 시인

꼬마들 부시시 눈뜨고 일어나
학교랑 학원 공부 모두 마치면
힘들고 지쳐서 터벅터벅 걷고 있는
무거운 발걸음들

청소년들 애꿎은 사춘기 겪느라
밤새워 끙끙대며 상상의 나래 펴다가
애타는 마음 어찌할 줄 몰라
두근두근 팔딱팔딱 뛰고 있는 가슴들

중년의 가장들 이리 뛰고 저리 뛰다
짊어진 삶의 짐 벅차고 무거워
지치고 처진 어깨 위로
힘없이 떨구어진 고개들

노인들 홀로 되고 외로워 서러운데
몸도 맘도 연약하고 기력조차 없어져
긴긴 한숨 토하고 눈시울 붉히다가
말없이 두 눈 감고 하늘만 쳐다보네

빨강색 연민

지은이 강창훈 목사, 시인

살랑살랑 봄바람 따라 피어나는
빨강색 진달래꽃
처녀 총각 가슴만 설레이다
시들어 아쉬워라

더운 바람 비바람 따라 피어나는
빨강색 장미꽃
뜨거운 열정만 불태우다
떨어져 아쉬워라

가을 바람 향기따라 피어나는
빨강색 국화꽃
하늘하늘 가을을 노래하고 춤추다
흩어져 아쉬워라

한겨울 추위 따라 아궁이에 피어나는
빨강색 장작불꽃
얼어붙는 생명 위해 타오르다
꺼져가 아쉬워라

기도의 자리

지은이 강창훈 목사, 시인

지친 몸 이끌고
날마다 앉는 기도의 자리
주께서 내게 새 힘주시기에
찾고 또 찾네

지친 마음 달래고 다독거려
날마다 안기는 기도의 자리
주께서 내 마음 안아주시기에
찾고 또 찾네

복된 사역 감당하고 재촉하려
날마다 부르짖는 기도의 자리
주께서 내게 능력주시기에
찾고 또 찾네

하늘나라 복된 소망 가슴 깊이 품고
날마다 기뻐하는 기도의 자리
주께서 나를 감격케 하시기에
찾고 또 찾네

애 착

지은이 강창훈 목사, 시인

머리 위에 흰색 타올 올려놓고
햇볕막이 큰 모자 질끈 눌러쓰고
이른 아침 산책길 나오신 할머니

온 몸은 말라서 뼈만 앙상하고
허리는 한편으로 길게 휘어져
무거운 짐 감내한 삶의 무게 보게 하네

축 늘어진 허수아비 두 손 마냥
힘없이 늘어지고 감각 없이 흔들리는 두 손
밤낮으로 일한 삶의 수고 보게 하네

둥글게 휘어진 듯 팔자로 걷는 두 다리
걸음마다 휘청거려 춤을 추는데
숨 가쁘게 달려온 삶의 자욱 보게 하네

할머니 앞질러 얼굴을 살펴보니
겹겹이 쌓인 주름 팔십이라 말하는데
아침마다 산책길 돌고 도는 것은
고되게 살아온 삶에 대한 애착일까
힘없이 꺼져가는 생애 대한 애착일까

서귀포항

지은이 강창훈 목사, 시인

삼다도가 아니랄까봐
바람 소리 쌩쌩 옷깃을 붙잡게 하고
온 몸이 추위로 움츠려 들게 하네

바닷가 아니랄까봐
태공들은 낚시대를 휘감아 바다에 드리우며
저마다 기대감에 부풀어 있네

구경꾼들 아니랄까봐
삼삼오오 끼리끼리 둘레길 돌면서
재잘재잘 수다소리 끊이질 않네

통통배 아니랄까봐
소리내며 여기저기 바쁘게 움직이는데
인생길 고단한 짐을 실어 나를까
아직 시들지 않은 부푼 꿈을 실어 나를까

육남매 처음 떠난 제주 여행길
언니 오빠 누나 동생 피붙이들의 마음을 나누고
덧없이 흘러간 인생길
먼발치에서 다시 한번 돌아보게 하네

추 억

지은이 강창훈 목사, 시인

동네 앞 황금들판 벼 베는 날
팔딱 팔딱 뛰는 메뚜기 고사리 손으로 잡아
작은 유리병 가득히 채우며 마냥 즐거워했었지

물논에서 쟁기질하는 아버지 따라다니며
우렁이 주워 한 마리 두 마리 바가지에 담으며
하루 종일 지칠 줄 몰랐었지

소 몰고 뒷산 올라 꼴을 먹이다가
무덤에 핀 할미꽃 한줌 꺾어놓고
죽었던 할머니 살아난 꽃이라며
엎드려 큰절하며 놀았었지

찬 기운 사라진 오월이 오면
소쿠리 들고 산골 동네 시냇가를 첨벙대며
미꾸라지 붕어 피라미 잡느라
가슴까지 물에 젖어 추워서 떨곤 했었지

대나무 숲으로 둘러싸인 산골집
밤마다 울어대는 바람 소리 짐승 소리에
방문만 열어도 무서워 어쩔 줄 몰라 했었지

오십 년 세월 지나 반백의 머리에도
어릴 적 새겨진 추억일랑
철마다 피어나는 영혼의 꽃이라네

쉬지 않고 뿜어대는 고향의 향기라네

나의 고향집

지은이 강창훈 목사, 시인

들판 건너 앞산을 바라보고
뒷산 끝자락에 둥지 튼
고즈넉한 산골 마을 초가집

앞에는 돌담으로 두텁게 쌓여 있고
뒤켠에는 대나무숲 우거져 울타리가 되었고
무거운 통나무에 대나무 엮어 만든 육중한 대문

집안 웅덩이엔 개구리들 노래하며 춤추고
위채 마루 밑엔 어미 개와 강아지들 뒤엉켜 뛰놀고
외양간엔 소들이 졸린 듯 눈감고 되새김질하고

대문 옆 감나무엔 빨간 감이 주렁주렁
뒤켠엔 탐스럽고 노오란 유자가 주렁주렁
장도개 담장 안엔 항아리 가족들이 옹기종기

해질녘 뒷산에 매어둔 염소는 음매 음매
밤이면 바람결에 대나무 잎 스치는 소리
뒷산에는 올뺌이와 짐승들의 울음소리

언제나 보고 또 보고픈 고향집
고비고비 힘든 마음 다독여 준 고향 산천
향수에 젖어 동심의 나래를 펴게하고
훨훨 날아 아름다운 하늘나라 보게 한다